Learning a Living

Radical Innovation in Education for Work

学以致用

世界教育趋势及令人振奋的实践

[英] 瓦莱丽·汉农
[英] 萨拉·吉林森
[英] 莉奥妮·香克斯 著
[法] 瑞萨 摄
刘海粟 译

中国人民大学出版社
·北京·

wise
world innovation summit for education
مؤتمر القمة العالمي للابتكار في التعليم
an initiative of
مؤسسة قطر
Qatar Foundation

LEARNING
目录 A
LIVING
RADICAL INNOVATION
IN EDUCATION
FOR WORK

序

世界教育创新峰会（WISE，World Innovation Summit for Education）于2009年创立，是为了回应卡塔尔基金会主席谢赫·莫扎·宾特·纳赛尔（Sheikha Moza bint Nasser）王妃殿下的理念：如果我们想要迎接共同的全球挑战，让每个人都有可能主宰自己的生活，教育就必须变革。

正值当前经济持续衰退之际，人们受到了前所未有的严峻挑战，而WISE第二本书的出版，突出了教育与工作世界的创新关联，既体现了当下的热门话题，又恰逢其时。面对科技驱动的全球经济，教育体系往往无法帮助年轻人做好充分准备，数百万人依然被剥夺了学习机会，甚至连维持自己和家人生计的最基本技能都无从获得。同时，经济和社会的变革意味着教育必须是终身的过程，不应该被正规的课堂教学环境所局限。

谢赫·阿卜杜勒·宾·阿里·萨尼博士（Sheikh Abdulla bin Ali Al-Thani）
WISE主席；哈德·宾·哈里发大学校长；卡塔尔基金会副主席

← 在尼加拉瓜的布诺特加，巴士底技术农业学校的学生在做游戏。

在为本书做研究时我们再一次发现，全世界最杰出的人们已为这一困境构想和实施了成功的解决方案。这些非常人性化的故事绘制成了一幅复杂、多样的迷人图景，展现出人们为实现个人、工作和社会的和谐所做出的努力。虽然每个故事都取决于所在地的条件，却都包含了通过教育寻找新途径以面对当前挑战的强烈愿望。本书识别出连接这些案例的共同元素，也给出总体上的方法性建议，以便各地的教育者采用和改造。

归根结底，WISE的存在是为了推广积极的改变，并且我真诚地希望通过聚焦这些“教育英雄”和他们的创新方法，读者可以受到启发，从而为打造教育的未来做出自己的贡献。

致 谢

创作WISE这本书的过程，可以说是一段无与伦比的旅程，从字面上和比喻上来说都是如此。从尼日利亚的乡村广播站，到北美的个性化学校，这次走访全世界15个鼓舞人心的项目，将影响我们未来很多年的人生观和思想。我们想要对所有让《学以致用》这本书成为可能的人表达谢意。

首先，我们必须感谢接受访问的人们，谢谢你们的热情招待，正是你们付出了相当多的时间和资源，才让我们不虚此行、收获颇丰。特别要感谢的是：朱迪·平卡斯和她的日出能源中心团队；塞耐普西斯学院的英格里德·希梅内斯；巴士底技术农业学校的马库斯·费希尔与雷切尔·戴尔；南方科技大学的朱清时教授和徐立（音译）博士；银色人力资源中心的富坚立田、KC张和其他代表；美国普罗维登斯“大局学习”的丹尼斯·立特基和他的同事们；洛森年轻人成就中心的威利·马修及其团队；“吉斯尔校企合作”的穆罕默德·阿巴德·安达鲁西；“奥姆尼亚创造”的默文·詹森和萨图·查维伦；约旦职业教育基金会的马雅达·阿布－杰比和穆罕默德·阿尔·塔马里；印孚瑟斯的比利吉

力·朗加；小农基金会的纳伊米卡·伊凯格沃努和埃梅卡·勒维奇；国际水和环境工程研究所的哈鲁纳·卡拉米比利、玛丽娅姆·苏及其同事们；孟加拉农村发展委员会的布加里尼·森、苏玛亚·哈克和很多成员；以及辛比妈妈基金会的乔伊斯·东格泰－帕迪女士（又名阿库玛·辛比妈妈）。

感谢我们采访到的很多人都慷慨地分享了自己的思想和经历。是你们的故事让这本书如此特别。

感谢研究助理约翰尼·马林森的帮助、支持和不懈努力，他的项目管理能力、孜孜不倦的工作热情，以及有深度的研究报告让我们的项目不断向前推进。也感谢实习生汉纳·尤素福－乔治在项目开始时所做的很多基础工作。

在这本书中我们引用和参照了相当多专家的研究和话语，从作家、学者到教育实践家和社会创新家，他们的著作和思想帮助我们形成了自己的叙述。特别感谢那些花时间接受我们访问的专家。希望我们尊重了您的想法。

我们的至亲至爱包容了我们远渡重洋、无法在身边陪伴，对我们归来后心无旁骛、专心致志地工作也给予无限包容。我们对他们的宽容与支持深表感激。我们同样也感谢在“创新单元”（Innovation Unit）的同事——一直以来，他们为我们的工作提供了富于挑战和建设性的反馈，激励我们尽可能把工作做到最好。

最后，我们还要感谢卡塔尔基金会主席谢赫·莫扎·宾特·纳赛尔王妃殿下，以及WISE主席谢赫·阿卜杜勒·宾·阿里·萨尼博士。世界教育创新峰会是在王妃殿下的建议下，由卡塔尔教育科学与社会发展基金会于2009年创立的一项倡议。没有她对让21世纪的学习者为生活和工作做有效准备的创新教育的承诺，本书以及当中涌现的所有工作就不可能实现。

前　言

在每一块大陆上，创新者都在重新思考如何为瞬息万变的工作环境而组织学习。新出现的深刻理解是，与自我实现、文化传播和其他通常在引述“学术”学习时所提到的目标相比，为工作而学习不是分隔开的，或是不那么努力的学习，而是无缝衔接、相互增强的学习整体的一部分。

将“学术”和“职业”两种发展方向奇怪地隔离开，已经产生了非常不利的影响，其弊病让全世界的教育体系备受折磨。致力于为工作而学习的创新者们正在创建教与学的模型，从而影响所有教育政策和实践活动。本书描绘了这样一幅图景：在这个星球上，全世界这些杰出的创新者是如何转变我们学习方式以适应社会、自食其力的。这是关于工作与教育之间在根本上脱节与失调的问题，然而归根结底，更是关于希望、成功和人类创造力的问题。从分析工作世界与劳动力正发生的改变开始——从它们的特质、要求、需求和愿望出发——我们将聚焦15个创新项目，以探寻教育本身所需要随之做出的转变。

我们通过案头调研、评审、出版物、WISE社群网络，包括WISE奖项的获得者进行遴选，虽不能说这些入选项目具有代表性，然而它们却提供了一窥该领域里创新的多样和创新的范围的机会，展现了学习重心的新方向。

时不我待。为了繁荣做好准备并开拓进取，社会应做出怎样的改变？这一问题已变得迫在眉睫。本书想要对那些走在改革最前沿的人们所进行的变革尝试做出公正的评价。

■ 抵达尼加拉瓜，在去巴士底技术农业学校途中的景色。

旅程图

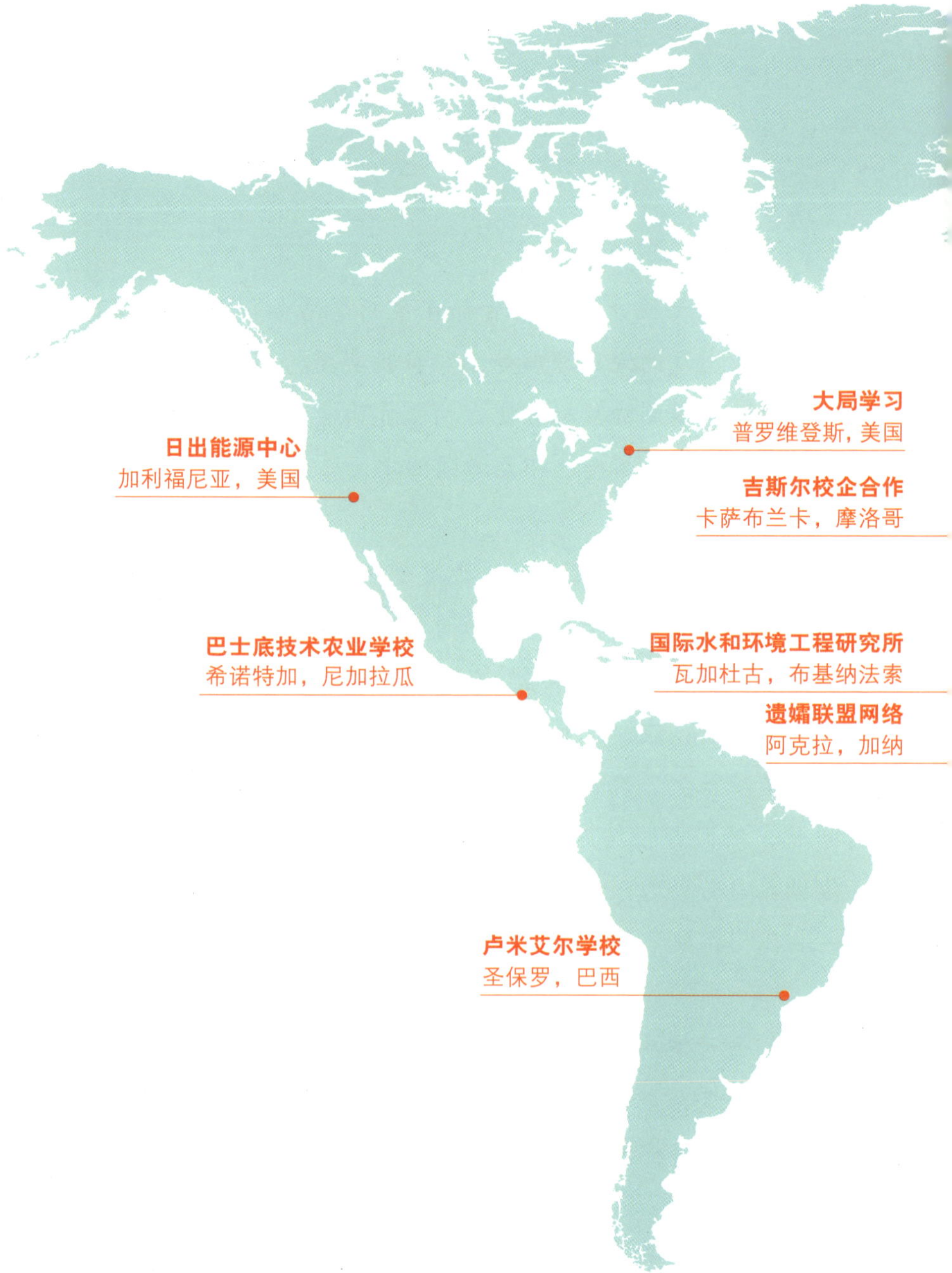
日出能源中心
加利福尼亚，美国
大局学习
普罗维登斯，美国
吉斯尔校企合作
卡萨布兰卡，摩洛哥
巴士底技术农业学校
希诺特加，尼加拉瓜
国际水和环境工程研究所
瓦加杜古，布基纳法索
遗孀联盟网络
阿克拉，加纳
卢米艾尔学校
圣保罗，巴西

奥姆尼亚创造
艾斯堡，芬兰
洛森年轻人成就中心
科威特城，科威特
孟加拉农村发展委员会
达卡，孟加拉国
银色人力资源中心
日本
南方科技大学
深圳，中国
约旦职业教育基金会
安曼，约旦
印孚瑟斯
迈索尔，印度
小农农村广播
奥韦里，尼日利亚

孩子们在圣保罗市的卢米文尔学校的一个幼儿园植物项目中动手实践。

iGEM

第一章　苏醒，面对崭新的世界

21世纪的工作和劳动力将如何改变

我想要做自己感兴趣的事情，我想要追寻自己的热情，快乐生活。

——陈启佳（音译）
南方科技大学学生，17岁

中国如今正变得富有起来。然而如果你走近一点看，会发现中国发展得还非常不均衡。因此，我们怎样才能让社会变得更平等？这需要由我们这代人来考虑。

——何明浩（音译）
南方科技大学学生，19岁

我一直都想按部就班地生活，可是当我看到南方科技大学的广告时，我觉得选择它才是正确的。当然，它是有风险的，我的朋友、家人，还有社会上的一些人都不认同我的决定。事实是，我的父母并没有试图阻止—尽管他们觉得风险很大，可还是支持我的决定。我很高兴自己做了这样的决定。（在南方科技大学）我们就像生活在一个大家庭里一样。

——陆晨晨（音译）
南方科技大学学生，19岁

■ 在中国的南方科技大学里，学生在国际基因工程机械竞赛中协作。

在中国深圳的南方科技大学，一种兴奋感和探险精神正将这里的师生凝聚起来。虽然临时坐落于原属于南开大学的一座废旧的校园里，2011年3月，南方科技大学向首届45名学生敞开了大门。南方科技大学的第一堂课是唐叔贤教授上的。他曾在威斯康星大学工作了25年，此后又担任香港城市大学常务副校长。他说着一口流利的美式英语。南方科技大学的很多教授在海外都有自己成功的学术事业，但他们没做新大陆的开拓者，而是选择回到已经改变了的故土，带着经验和信心，想要为中国的未来贡献自己的力量。

近年来，被誉为“世界工厂”的中国经济开始变得步履蹒跚。随着工人要求更高的收入和更好的工作条件，劳动力成本在不断上涨。2011年，中国圣诞商品工业的车间工人平均工资增长了30%，这导致成千上万的工厂关闭。制造商将生意转移到了人工成本更廉价的东南亚国家，如越南。同时，大学扩招意味着成千上万接受高等教育的毕业生在涌入就业市场——2011年有660万大学毕业生，而1998年还只有83万。[1]① 这导致许多受过高等教育的年轻人找不到工作，有些人的应对方法是出国，其他人则不得不面对这样的现实：未来恐怕不像自己期待的那般光明和富足。正如《时代》杂志的记者汉纳·比姬（Hannah Beech）所说：“面对新的经济现状，年轻一代不得不承受高期望值落空的现实，从而放弃对两位数增长率的幻想。”在这些变革与幻想的破灭之间，不同的社会群体——从对现实不满的工人、农民，到被诸如社交媒体之类的新工具所赋能的年轻

① 本书所有作者注见197页注释部分。——译者注。

人——正在呼唤工作、政治、教育、日常生活各领域全方位的改革。[2]

南方科技大学的建造是深圳政府部门希望将当地经济从以制造业为主转型为中国硅谷所采取的策略之一，被广泛赞誉为令人振奋的教育实验。南方科技大学的使命是引领中国高等教育体系内的教育改革，打造一所最前沿的大学，吸引和培养世界上最优秀的头脑。学校想要寻找的是充满学习热情和创造力、能够独立思考的学生。为了实现这一点，学校和中国教育部共同开发自己的招生流程。这让南方科技大学可以根据学生表现出来的一系列能力来挑选学生，而不是只依照他们在国家的大学统一招生考试中的成绩。副主任韩蔚博士是建校的委员会成员，她解释说："我们并不想创造教育革命……但我们的确想引领文化变革——去弘扬某些价值观。我们想教育有才华的人去服务社会，让世界变得更美好。"她的理念在学生的抱负中也有所体现，就像来自北京的17岁的陈启佳所说："我从小就对汽车感兴趣，我想成为汽车行业的工程师。不过自从在南方科技大学读书以来，我的想法变了。我意识到自己的人生目标不应该只是物质上的成功，还要保持快乐，乐于做善事。现在我想成为太阳能领域的专家。我觉得那是未来的朝阳行业。"

南方科技大学的出现是对变动不居的工作世界的回应。无数的因素都在改变我们工作的内容，改变我们工作的方式，改变工作者。就像陈启佳所说的，这种改变不仅仅是指经济增长，更是指创造一片能够为世界做善事的空间。

技术与全球化

人们普遍认为，技术的进步在改变我们彼此之间的沟通、产品生产，甚至是思考的方式。我们正位于转型的门槛上，从主要依赖于有形资产投资——建筑、机器、交通工具的经济，转变为竞争优势存在于对无形资产投资——软件、研发、知识和人力资本的经济。换句话说，现在当我们“将强大的电脑和受过良好教育的大脑组合在一起”时，就能够创造财富。[3]

在当下，发展中的经济体和发达的经济体都没有跟得上节奏。麦肯锡全球研究院在2012年发布的一项研究显示，到2020年，世界上将富余多达9500万低技术工人，同时短缺多达4000万大学毕业生。[4]这不仅仅是供需之间的不对等——我们需要技术上驾轻就熟的人为知识经济的发展方向引航。

大型的跨国公司，如石油天然气公司埃克森美孚（ExxonMobil），很大程度上依靠的是拥有科学、技术、工程、数学（STEM）技能的人来驱动。埃克森美孚聘用了超过18000名科学家和工程师。然而就像埃克森美孚基金会的总裁苏姗妮·麦卡伦（Suzanne McCarron）所说：“遗憾的是，在对STEM专业人士的需求急速扩展的同时，却没有那么多学生选择这样重要的职业道路。我们已经通过帮助学生和老师关注这些重要的科目，把支持、提升STEM教育放在首要位置。”

工作和工作者在全球化、高科技、知识经济的时代有可能看上去不一样了，工作者将需要快速学习和改变技能。[5]

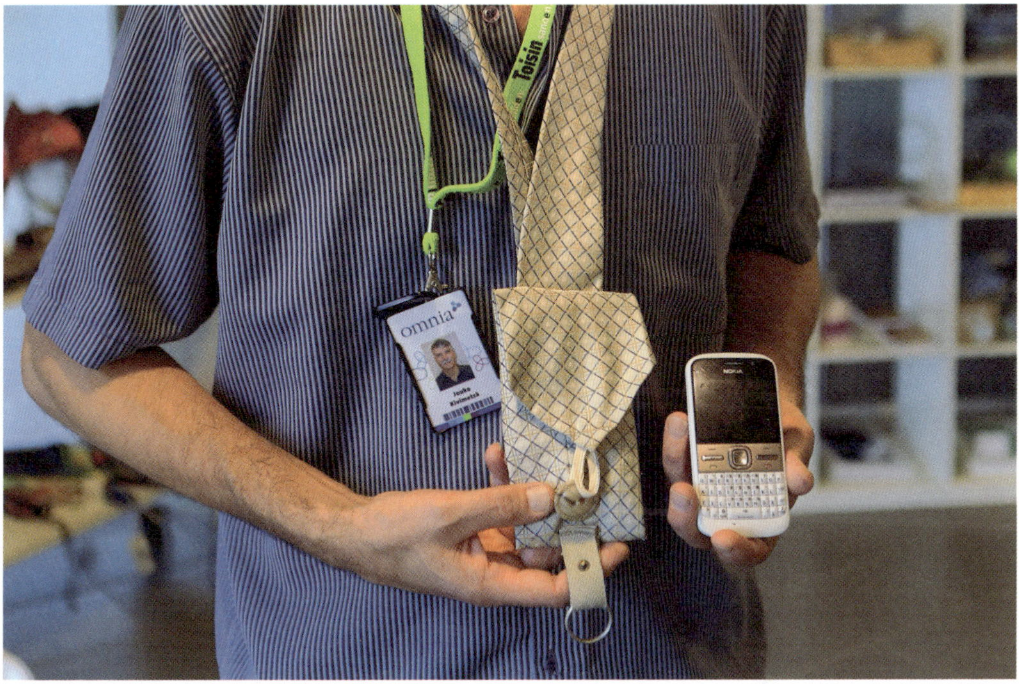

设计与创新教授约科·基维梅萨展示“奥姆尼亚创造”创作室的作品。

他们将在点对点（ad hoc）① 团队中工作，解决棘手的问题。[6] 他们将会越来越灵活——互联网和智能手机将会模糊传统的界限，鼓励“随时随地”工作。[7]

全球化和技术将我们凝聚到一起。人们对在全球团队中工作的能力——对不同文化规范的敏感性，通常是使用英语的能力——有很高的需求。在南方科技大学，学生受益于师从阅历丰富的教授，他们可以同时用英语和中文授课，将一系列丰厚的文化体验和国际视野带入教学中。

这些改变最终的意义在很大程度上依然有待定论。那些哀叹技术把我们变得反社会的人，要知道在非洲数以百万的人正在用他们的手机安全地把钱转到家里；那些在麦当劳或是苹果公司专营店里表达全球同质化忧虑的人，要知道相互了解和互相学习变得更容易，可以创造各种美好的可能性。面对所有这些趋势，塑造未来社会形态，正取决于我们。

环境

我们的经济体正联系得越来越紧密，而我们的全球环境却从来都是如此。

① ad hoc源自拉丁语，意为“为某种目的设置的、特别的”，通常指一种专为解决某个特定问题或完成某项特定任务而设计的解决方案，而ad hoc网络即为一种多跳的、无中心的、自组织的无线网络。——译者注。

气候变化的影响和解决这些问题的途径将我们所有人都连接在了一起。我们共同协作、解决复杂问题（如减少碳排放）的能力，对地球的未来至关重要。

在某些地区，环境的变化正在破坏经济。巴基斯坦和孟加拉国的洪水、萨赫勒的干旱，意味着生产力高度发达的经济常常只是一个遥不可及的梦。据经合组织的调查，这些自然灾害的增加不仅对健康和死亡率产生直接影响，还使农业、保险、林业和能源领域的商业变得不可持续。[8] 地理位置不利、基础设施薄弱的发展中国家往往首当其冲，付出最大的代价。

另一方面，这些转变也催生了全新的行业。[9] 国际能源协会预计，每投资10亿美元的清洁能源技术，就会创造3万个新工作。[10] 本书的第四章会写到加利福尼亚的日出能源中心（Rising Sun Energy Centre），这是一家富有活力的组织，通过提供与能效相关的培训和就业机会，为年轻人和成人提供绿色职业的发展路线。

经济

根据国际劳工组织的统计，全世界有近7500万年轻人正在失业，比2007年增长了超过400万人。预计至2016年，年轻人的失业率将保持在这个水平[11]，这有可能在未来数年对工作和工作者产生影响。研究显示，对未来失业率的最佳预测就是根据之前的失业率得出的。英国和美国的研究发现，年轻人失业会造成一道“薪水伤疤”——一旦他们经历过失业，在中年时收入就会偏少。失业的时期越长，影响就越大。[12]

经济衰退的另一大失意者是低技术工人。在美国，现在的失业率是8.2%。根据美国劳工部所说，“管理、商业和金融运营”行业的失业率远没有这么高，只有3.8%。低技术职业或体力劳动职业，如“运输和材料搬运”（失业率10.3%）、“建筑和萃取”（失业率13%），正在经历最严重的经济阵痛。[13]

同时，在职的成年人正在拥有不同形态的工作。很多人是“永久性临时工”——永久性的工作依靠的是一系列临时性合同，因为公司需要灵活的劳动力。2012年6月，美国拥有临时性工作的人数较之2009年已增长了40%。[14]国际劳工组织对多数国家工作保护法的恶化提出了警告。在发展中国家，多达40%的工作人员都处于非正式的经济体中。不稳定正在取代“一辈子的工作”成为新常态。

让这支潜在的劳动力成为可持续增长而非不稳定的来源，到底需要付出什么？

人口

人口对改变的影响既体现在对劳动力的需求上，也体现在供应上。在发展中国家，高出生率和相对低的平均寿命意味着年轻人较之老年人所占比重更高。

非洲低收入国家的年轻人占人口的20%。[15]在很多西方国家，则是低出生率和相对高的平均寿命，这意味着全世界60岁以上的人口在50年内预计会翻两倍——从2005年的6.68亿到2050年的近20.03亿。[16]在新加坡，50岁以上的人口比重未来25年将从23%增长到50%。[17]

在那些年轻人占多数的国家，对工作的需求却竞争激烈、让人沮丧。在约旦就是这样，约旦职业教育基金会（JCEF，Jordan Career Education Foundation）专门支持年轻人在当地找工作；他们的方法我们将在第三章里予以描述。在老年人占主导的国家，工作群体需要更高的生产力。在发达经济体中，也有很多关于老年人延长工作时间、接受再教育为新工作继续做贡献的讨论。成立于20世纪70年代的日本银色人力资源中心（SHRC，Silver Human Resource Centre）就是一个政府补助、遍布全国的项目，它让退休人士可以继续兼职有偿工作。

全球挑战

综合看来，这些因素共同组成了一幅明晰的画面，描绘出了正在急速变化中的全球经济、工作和劳动力状况。改变的性质将取决于个人、组织和社会将做出的回应。当前这一变动不居的时期蕴藏着巨大机遇，有利于塑造一个更加生机勃勃、可持续发展、公正合理的世界。然而，如果缺乏有意识的努力，也有可能走向相反的一面。

本书里的创新者正在培养准备迎接这些新任务的学习者。个人想要成功，并协助掌控社会和经济的变革，正如书里精选的创新案例所显示的那样，工作者需要在特定领域拥有高超的技能——从工程、编程，到语言、听力。他们需要运用创造力和灵活性，在不同的环境中跨领域地展开技能；他们需要不断更新自己的综合技能，在新的团队里全速工作；他们需要自如应对多文化、多语言的工作环境；他们需要成为杰出的沟通者，处理好人际关系；他们需要足够大胆和自信，作为领路人进入新行业，解决新问题；他们需要意识到并积极回应可持续发展的需要；他们还需要掌控自己的生活，渴望并有能力影响周围的世界——在参与世界的同时，也为塑造一个新的世界尽自己的一份力量。

来自全世界雇主的数据显示，目前，教育体系培养出的人才数量还远远不够。“在某些国家，预计下一个10年内80%的工作都需要技术方面的技能。”埃克森美孚的苏姗妮·麦卡伦说。根据美国万宝盛华公司（Manpower）的最新年度调查，全世界34%的雇主说他们在人员招聘上碰到了困难，技术员、销售员、娴熟的工人和工程师最难找。在这家公司最新的全球年度调查中，被调查的高级人力资源总监有46%的人谈到，人才缺口让他们所在的公司更难实施商业战略。只有27%的人认为自己的公司拥有足够多的所需人才。[18]

让人困惑不解的是，这些数据却出现在全世界基础教育和高等教育毕业生达到空前数量的背景下。在某些国家，多达40%的工作者说他们的技能没有得到充分使用，他们所学到的并不一定能帮助他们为进入这个世界做好准备。有些分析者警告说，教育的“泡沫”将要破裂，可以与2008年金融信贷泡沫戏剧性地破裂相匹敌。[19]

这看起来成为了一个悖论。教育从未如此必要，也从未如此被夸大。塔拉勒·阿布·加扎雷（Talal Abu Ghazaleh）领导着一家全球性机构，正在创建一所高品质的虚拟大学TAG-UNI。他并不把这看作悖论，而是不对等。他说："并不存在失业的问题，而是失业与就业需求之间的不对等。今天要是给我100万知识工作者，会有工作需求在等着他们……未来，石油之外的唯一资源将是知识的创造。"

通过帮助人们具备技能、知识和态度去适应和塑造全新的世界，教育泡沫可以成为积极变化的引擎。这是很高的目标，但不是不可能实现。

第二章　三大要素，为生活而学

新的学习模型

（在布基纳法索）我们在创业方面拥有好的技能，因为我们不得不这样。生活是艰难的，而学校又不教授这些技能。帮助学生回归他们的天赋，重拾这些技能，是我们的工作。

——保罗·基尼斯
布基纳法索国际水和环境工程研究所理事长

← 在布基纳法索国际水和环境工程研究所的太阳能工程和节能实验室里，一项电子工程项目正在进行。

全场掌声雷动、座无虚席，获奖者羞涩地对着观众微笑，也自信地挥舞着他们“最佳学生初创商业”大奖的百万CFA奖金。如今，国际水和环境工程研究所（2iE）已经是第七年开展“企业日”活动了，一直都取得了巨大成功。

国际水和环境工程研究所的理事长保罗·基尼斯（Paul Ginies）非常清楚第一章里所描述的全球变化。“企业日”只是他在位于布基纳法索的这所大学应对这一变化的方式之一。非洲的人口在未来30年内将翻一倍。[20]“仅仅培养工程师是不够的，我们还需要能够发明创造的人。我们必须建立一种新的社会，并通过驱动创新引擎以达成这一目标。”

这样的追求得以在整个机构里分享。学生和教工讲的是同一个故事。“我来到这里是因为我想在自己的领域为非洲的发展贡献力量。”“我想成为非洲未来的一部分。”“欧洲是一台已经坏了的机器——在这里我可以真正为建立新的世界而贡献力量。”他们来自非洲的各个角落——马里、刚果、喀麦隆、加蓬、尼日尔、多哥，也有越来越多的人来自法国和加拿大。学生和教工来自超过35个国家。“这里不是布基纳法索，”布基纳法索的学生贝娜迪特说，“这里是整个非洲。”

为了追寻这一宏伟的抱负，国际水和环境工程研究所将学生的技能与当地、国家以及全球的需求对接，让他们获得解决问题的能力，获得勇气和想象力去创造新的可能，既是为自己，也是为这片大陆。本书里的所有创新者在做的事情都是一样的。也许传统教育大批量地制造出缺乏技能、能力或态度的毕业生，他们无法在飞速发展的世界中如鱼得水。而从加纳到日本，从芬兰到尼加拉瓜，创新者却成功地让人们得以在新工作天地中驰骋，并为塑造新的方向做好准备。

在这里，新学习模型的转变已经迅速发生。自从20世纪70年代布基纳法索独立以来，国际水和环境工程研究所就已经建立起来，不过直到2005年，从保罗·基尼斯接手理事长的职务开始，巨大的变化才让它形成了今天的样子。在政府的许可下，国际水和环境工程研究所成为了公立与私立的合作机构。这所大学开始收学费——学费水平是中产阶级家庭可以负担得起的，而付不起的学生可以申请便宜的贷款。学校的重心也从学术型的工程学转变为实用型的工程与创业。在过去的6年间，学院的学生人数从460名增长到了2670名。

在水、清洁和环境工程领域提供最高水平的培训，是国际水和环境工程研究所工程与创业课程体系的基础。它是非洲唯一一所可以提供全球认证学位的高校，这对于学生和教工来说极为重要。“我知道我的学位在任何地方都将发挥价值。”卡西托沃·海恩，一位来自布基纳法索贫困村落的学生说。这些技能对这片大陆来说至关重要。居住在撒哈拉以南非洲的三分之一的居民没有洁净水源，而三分之二的人没有像样的清洁设施（厕所）。[21]

但非洲不只需要工程师，更需要能运用技能改变人们命运的工程师。因此课程主要围绕工程师的角色而设置。一个学生说：“他们总是问我们这样的问题：如果你从事这个领域会怎么做？”所有的讲师和教授都从事实际的工作，这样他们就可以将自己对工作能力的理解传达给学生。国际水和环境工程研究所的研究项目总是和国际顶级学术机构合作开展，并从想要在自身领域中寻求符合市场需求的创新举措的私立合作伙伴处获得资金支持。在水文学和水资源领

布基纳法索国际水和环境工程研究所的一项水与清洁项目。这里的研究项目与国际顶级的学术机构共同运作。

域，跨国灌溉公司耐特菲姆（NETAFIM）提供部分资金，而法国的蒙彼利埃水文科学发展研究所（Montpellier IRD-Hydrosciences）和瑞士的洛桑联邦技术学校（Federal Polytechnic School of Lausanne）的教授会帮助实施高质量的工作。保罗·基尼斯意识到这当中潜在的冲突："当然我们没法规定合作方的动机，然而我们希望我们的创新能够产生影响，他们有设施帮我们扩大规模。"在这里要想取得学位必须实习，而与公司的密切合作也让学生更容易参与高质量的实习。

艾曼纽是研究所的学生中仅有的几个法国人之一。他认为，像他一样的毕业生之所以受到雇主喜爱，还因为另一个特质——"道达尔（TOTAL）①、阿海珐（AREVA）②这样的公司欣赏我们能理解不同的文化"。在越来越全球化的劳动力市场，国际水和环境工程研究所的国际学生群体具有主要优势。贝娜迪特承认，面对如此混合的背景、语言和宗教信仰，学生们一开始并不容易融入，每个人都需要充分地相互了解。然而随着时间的推移，学生建立了相互间的信任和理解。对贝娜迪特来说，如果要来到一个多元的新环境，"一点问题都没有"。

开展英法双语的培训项目对国际水和环境工程研究所来说是一场持续的挑战。从传统上讲，它是一所说法语的学校——布基纳法索和很多周边国家一样，官方语言是法语。随着越来越多的学生来自英语国家（包括尼日利亚、喀麦隆、埃塞俄比亚、加纳），以及研究所想要在国际范围内招生和运作，保罗·基尼斯很清楚英语十分重要。"今年我们的投入主要在语言教学设施上，英语不能达到

① 道达尔，全世界第四大石油及天然气公司。——译者注。

② 阿海珐，法国核工业公司，在核能源建设领域全球首屈一指。——译者注。

学生在国际水和环境工程研究所的生物质能与生物燃料实验室里测试植物油。

国际水和环境工程研究所的微生物学实验室。在过去的6年中，这里的学生从460名增长到2670名。

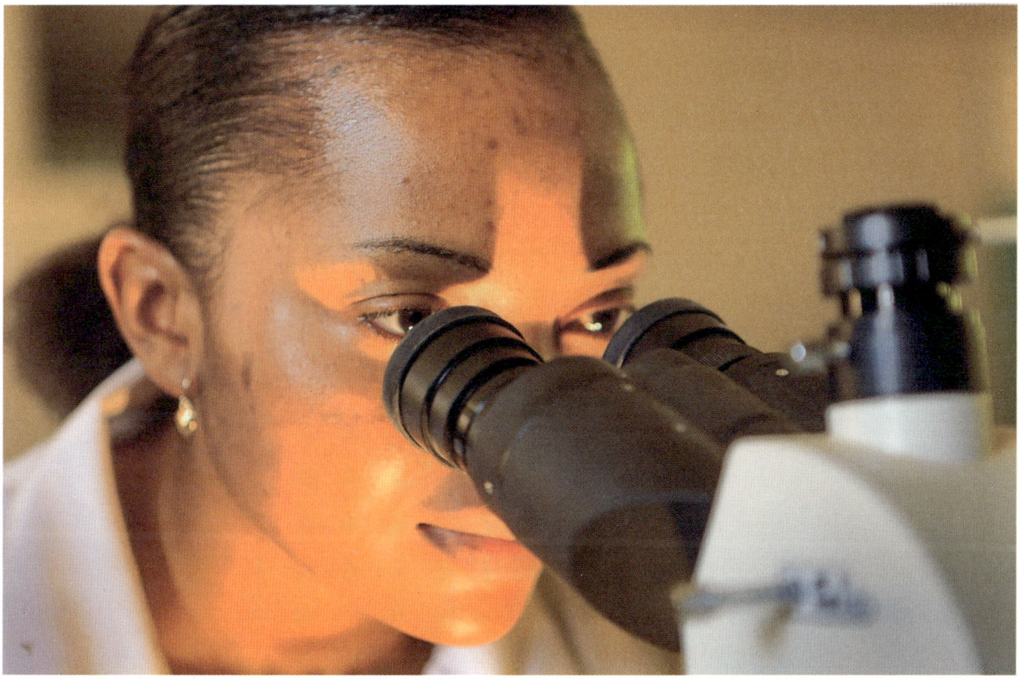

在国际水和环境工程研究所，一位博士生正在开展研究。

基本流利就不能毕业。在被雇佣能力的列表上，英语正越来越接近第一位。”

到这里为止，国际水和环境工程研究所的故事让人印象深刻，并且相对来讲一目了然——这一模型建立在发展与实际需要相关联的高水平技术和应用技术到实践中的经验之上。不出意外，它的毕业生在找工作方面不会有什么问题：95%的学生在毕业后的半年内找到了工作，剩下5%的学生在毕业后的一年内也找到了工作。[22]在所有毕业生当中，98%的人留在了非洲。

但是，要想真正帮助像卡西托沃和贝娜迪特这样的年轻人实现梦想并“为非洲的发展做贡献”，至少还需要培养他们另外两个主要特质。

第一个是思维的独立性和解决问题的能力。光是拥有一整套技能工具和能力，却没有在面对复杂挑战时应用这些能力的灵活性是不够的——比如在提供材料之后，如何鼓励当地居民改变他们的卫生习惯。

国际水和环境工程研究所的教学试着将这种独立性和创造性也深深印入毕业生的脑海中。朱尼尔是一位加拿大学生，他总结出两者的相异之处：“在加拿大，如果有什么我没弄懂就去问老师，他们会给出答案，会告诉我们期末考试要考的内容。而这里则不一样。老师会说，‘去查一查，自己找出答案’或者‘问问同学’。期末考试有可能考任一内容，你必须自己为考试做准备。”学生需要在学习方面高度主动——自己越过障碍，而不是由他人指点。

“青年企业挑战赛”可以培养学生解决问题的能力。作为课程体系的选修部分，国际水和环境工程研究所的企业合作机构为学生设置真实生活中的挑战，也提供一些资源。参加的学生以团队小组的形式，研究新灌溉方式或营养产品，建造模型，完成商业计划。每个团队都会被分配一位导师来帮助他们。就像社会和环境企业责任部负责人艾洛蒂·哈尼夫（Elodie Haniff）所说："他们是工程师，他们有许许多多很棒的主意，但是在开始的时候很天真。他们需要额外的工具来帮助他们释放出潜质。"而赞助企业会把这一挑战赛诞生的项目投入市场。

在保罗·基尼斯的拼图中，最后一块最复杂。除了拥有技能和解决问题的能力，以化解已经存在的挑战，国际水和环境工程研究所的学生必须具备为非洲定义和创造新机遇的能力。贝娜迪特回想起自己在这里的经历时说得很好："现在我总是在问问题。当我看到路边有堆垃圾，就会问：'为什么会这样？我们应该怎么处理？'我们需要找到解决办法。"这种态度和"你真的需要去某处看看那里的生活面貌，才能真正理解人们的问题"这样的启示总是伴随着她。她一直以来都对环境卫生感兴趣，然而在她到达并花时间待在贫困村落中之前，都不能正确地判定重要的问题点。她的技术和解决问题的技能必须与真正的理解相联结。卡西托沃又补充了最后一项要素："你必须勇敢尝试。"

国际水和环境工程研究所提供的学习体验旨在让所有的毕业生都可以创造新机遇，这就是工程师—创业家模式的来历：23%的本科课程都与"管理科学"相关，而其他课程则是之前描述的技术学科。"企业日"提供给学生测试和展示的机会。在2011年的9月，学生们被邀请提交了他们关于社会型企业的创意，这些企业可以在资金上自给自足，同时可以减轻贫困和保护环境。总共有55位学生参与其中，所有人都得到了专家的支持和指导，以拓展他们的创意。最终，10位

↑ 妇女正在国际水和环境工程研究所提议的一个项目中建造水塘。“你真的需要去某处看看那里的生活面貌，才能真正理解人们的问题。”

学生进入强化拓展阶段，其中5位被选中参加2012年6月15日举办的总决赛。

比赛的竞争很激烈。由废旧塑料制成的绝缘砖头、由被丢弃的棕榈核制成的铺路石，还有由萨赫勒地区无处不在的沙子做成的水过滤系统展开了竞争。每位学生都需要进行一段10分钟的演说，他们面对的是坐满礼堂的观众和非常专业的由教授与商业人士组成的评审团。评审说话非常坦率。“我可以在你的商业计划里看到一个巨大的漏洞。”有位评审说。如此严格意味着这些初期的企业并不只是经历了一次教育历练。国际水和环境工程研究所已经建起一个孵化器，帮助最有希望的、最认真的学生企业走到下一个阶段。

卡西托沃是2012年伯克利全球社会型企业竞赛的总冠军，在这个孵化器里面就有他的一家公司。“法索蛋白质”（FasoProt）的目标定位在解决布基纳法索和撒哈拉以南的非洲盛行的营养不良问题（布基纳法索5岁以下26%的儿童都患有慢性营养不良，婴儿死亡率高达9.3%）。[23]在卡西托沃的概念里，“法索蛋白质”将使用不幸被人们所忽视的丰厚资源——极有营养的乳木果虫。当前，在贫困的村庄里，妇女在收集棕榈果炼油时会将成千上万的乳木果虫挑出来丢掉。卡西托沃开发了一种高效、低成本的方式，将毛毛虫变成浓缩蛋白粉，可以用它来做特别针对孕妇、婴儿和幼儿的补充营养素。它的潜在市场非常巨大，卡西托沃期望可以在运营最初的4年间赢得15000位女性消费者。如果他成功了，就能同时解决营养不良和帮助农村妇女获取收入两大问题。

孵化器除了为企业创始人提供非金融资源，也提供初始投资。除获取资金之外，创业者还可以得到法律、技术、管理和研究方面的支持。目前在国际水和环境工程研究所的孵化器当中，总共有3家企业，另外3家也在进驻的过程中。这么做从长远看是为了让研究所得以在这些社会型企业中保留股份，以便在将来为大学创造资金，并为学生提供灵感和模范。

这一孵化器让我们又回到了这一章开始时讲到的雄心壮志。如果国际水和环境工程研究所及其毕业生可以在塑造令人自豪而成功的非洲这一愿景中起到作用，他们就得有能力创造新的机遇，去开创通向未来的道路。

国际水和环境工程研究所创造和展示的模型并不是独一无二的，无论在芬兰、尼日利亚、巴西、日本，还是在孟加拉国，在本书提到的其他先行者中，相同的三类学习方式已经显现：

相匹配的技能。在由流动性劳动力、全球竞争和日益复杂的技术所界定的世界中，学以致用需要依赖的是技术和能力的品质及关联性。全球教育不应重演次级房贷泡沫，学习必须帮助学生为创造价值的工作做好准备。同时需要培养学生获得在全球的工作环境中有效工作的技能——从英语，到相互尊重和理解。

生成解决方案。这建立在相关联的技能和知识的基础上，并且需要被应用到现实世界的问题中。当每个人都可以获得知识和信息（鉴于到2011年底手机覆盖率已达86%[24]，这样的说法一点也不夸张），随时随地都可以获取基础技能和能力，那么个人的发展、思维的独立性和创造力就开始呈现出新的重要性。技能的应用不能变成新的生产流水线，而灵活、协作和质疑才能让人们解决现实世界的问题，从而使自身及其所处的经济体脱颖而出。

创造新的可能。这是找出需要面对的挑战和机遇，去定义需要解决的现实世界的问题。它取决于对人和环境的真正洞察力，外加个人的承诺与领导力。安尼尔·古普塔（Anil Gupta，蜜蜂网络创始人、印度管理学院教授）说，未来我们只有25%~40%的时间将被花在传统意义上的固定场所中，剩下的时间将用于“行走”、观察世界、就我们正在做的事情进行提问。我们将花费“更少的时间做事情，更多的时间决定做什么，以及如何有效地去做”。这将需要更强大的个人力量——控制能力、相信我们能够也应当为自己和他人去改变的信念，以及学习、生活、工作之间的更紧密联系。

本书认为，这三个要素应该成为学习的中心，让人们为面对生活做好准备，并为塑造社会而尽一份力量。

为生活而学习：三大要素		
打基础	更广阔的视野	下一片疆域
相匹配、与时俱进的技能	生成解决方案	创造可能

第三章　打基础：技能匹配

相匹配、与时俱进的技能

我们的确需要基本的识字能力，但学员们也必须学习职场的规则。他们需要去理解相互尊重、时间管理，以及敞开心扉和思维去倾听。从根本上说，要去了解工作的环境。

——范特恩·贾步尔
MID建筑承包公司首席人力资源经理

←视听传播学的学生在芬兰艾斯堡市的奥姆尼亚校园里。在芬兰，如今16岁以上的学生中有更多人选择了职业教育而不是普通教育。

在世界上最成功的教育体系之一当中，有意思的事情正在发生。

芬兰已经不只一次地在国际学生评估项目（PISA，Program for International Student Assessment）的多数测试中拔得头筹，这引发了国际上的广泛好奇，人们纷纷想对其成功的秘诀一探究竟。[25]这是一个将公正作为主要目标的教育体系，而不是追求卓越（尽管通常也可以达到这一点）。作为一个自然资源有限的小国家，芬兰依靠人力资源来创造财富。依靠其高标准的生活水平和极佳的国家福利，芬兰成为欧洲失业率最低的国家之一，典型的北欧风格。

在这样的背景下，听到芬兰艾斯堡市分管教育的副市长萨姆珀·苏伊柯（Sampo Suihko）说“芬兰社会正在发生显著的思维转变，特别是在年轻人当中”，就难免让人感到惊讶了。苏伊柯是奥姆尼亚（Omnia）的创始理事，这是一所为1万名学生提供职业教育和培训（VET，vocational education and training）的学校。他和同事创办的这家机构可以满足三座城市——艾斯堡、基尔科努米、考尼埃宁所有年龄段的人对于职业教育和培训的需求。

在芬兰，一个16岁的学生完成了基础教育后，要么就读主要提供学术教育的综合高中，要么就读职业高中。在这个全民受教育程度很高的国家，如今职业学校更受欢迎。芬兰教育部的数据显示，在2010年，48%的学生选择了职业教育路线（2001年是36%），而47%的学生选择了学术教育路线（2001年是54%）。

这些数据在奥姆尼亚从2006年到2012年的申请当中也有所体现。将学院作为首选的申请者从1500人上升至2300人。这是非常稳健的逐年增长，并不突兀。萨姆珀·苏伊柯评价道：“职业教育和培训曾经被看作是失败者的选择。家境殷实、教育程度高的家长做梦都不会想到要让自己的孩子选择职业教育。可是现在，随着竞争越来越激烈，会有家长打电话过来，询问自己的孩子被挡在门外的原因！现在我们也有了新的自豪感。招牌已经变了。‘职业教育和培训’曾经是个被看不起的称呼，现在再也不是这样了。”

是什么造成了如此奇妙又鼓舞人心的转变？芬兰教育的结构功不可没——其灵活度非常罕见。选择职业教育的道路并不会在任何方面限制住学生。他们可以双向选择，既可以获得大学入学所需要的证书，也可以得到职业教育和培训资质。不论是哪一种情况，这个三年制的职业高中资质都会包括国家的主要课程体系（数学、物理、化学、社会学、外语），让学生可以进入任何大学——无论是学术型还是应用型。他们也可以从53种职业高中资质中做出选择。在芬兰，无论是雇主还是学生，所有人都高度认可职业资质。并且这样的资质对于就业十分重要，这与其他一些国家认为职业资质没什么价值大相径庭。从某种程度上说，这是经济发展所需要的高阶技能与学校所教授的技能之间一场势均力敌的较量。课程体系没有限制学生的眼界，让他们仅仅成为“顺从的雇员”，公民权以及“学会学习”是国家主要课程体系的一部分。

在2012年5月联合国教科文组织的一次会议上，117个国家在一起讨论职业和技术教育的议题。[26]很多职业教育和培训体系在建立活力、包容、绿色社会上做得不够，招来了与会者的强烈批评。当需求已经不是有关扩大，而是有关变革的时候，这一迹象折射出一种深层的不安。根据世界银行的报告，最成功的职业教育和培训项目已经设法鼓励与通识教育相融合，也已经尝试加强职业教育和培训与高等教育之间的流动性，将工作场合的经验应用到学习中去。[27]芬兰的体系展示出了这种融合趋势，并呈现出对学习者的吸引力。对考虑自己人生选择的年轻人来说，职业教育路线并不是死胡同，也不是二流之选。

尽管已经打下了稳健的基础，奥姆尼亚还是致力于有目的性地创新和变革职业教育和培训的教学和学习体验。这当中有经济的推动。尽管芬兰在上一个十年发展良好，其成功却一直与少数大企业密不可分，如诺基亚。而诺基亚如今面对全球竞争正在惨淡经营，并且在裁员（有不少人正转而为奥姆尼亚工作）。

有三个创新的领域需要注意：

第一个是在奥姆尼亚内部建立起的一股整体的创新力量。这股力量可以体现在“奥姆尼亚创造”（InnoOmnia）上，也就是被苏伊柯亲切地称为“螺旋桨头脑”团队的设想。“奥姆尼亚创造”从2011年8月开始运作，它虽然很独特，却毋庸置疑将很快被复制开来（已经开始吸引国际上的访问者）。“奥姆尼亚创造”扮演的是奥姆尼亚整体发展部门的角色，致力于解决最难应对的挑战，并测试新的解决方案。在本书的第五章中，我们还会对它支持芬兰创业者所做的旗舰式工作展开探索。

第二个创新领域“奥姆尼亚创造”已经展现出了深远影响。这个机构肩负了与教职工为16~19岁学生重建商业和管理项目的任务。在奥姆尼亚，这一群体的学生退学率最高，达到令人生畏的60%。主要的改变在于增加基于工作的学习的比例，并且将之融入每周的课程中——从第一年开始增加，直到第三年成为全日制的课程（在老师的支持和监控下）。这个项目也开始使用移动学习技术：将iPod Touch和iPad应用在包括评估的各个方面。评估则很灵活：取决于学业的进展和学生的经历，甚至在名义上的三年学习之前就可以提前完成。为了实现这一点，老师做出了大量的努力。他们学会了使用基于云的服务，学会了在新领域使用自己的移动设备，他们能够理解，课程涉及的所有人都会在不同时期承担不同的角色。每个人都是老师，每个人也都是学习者。

“奥姆尼亚创造”如今想要使用这些想法，去打破和影响整个芬兰的教师职业教育和培训。它已经拿到了教师职业教育和培训的投标，并提供“集训营”服务：

◎ 教育创业者集训营专注于基于项目式的学习、学生创业模型，以及创业教学法。
◎ 教育技术集训营是一个混合式的学习项目，包括在线学习和面授学习。老师通过社交媒体和基于云的服务支持学生学习，创建和分享学习的内容。

最后一点，奥姆尼亚也在创新学徒制。学徒制可以追溯到中世纪，恐怕是最古老的将学习与工作技能连接起来的正式途径。它之所以能持续到今天，是因为其中心理念——在真实的工作中，有条理地学习被正式认可的技能——吸纳了基于实践学习的关键思想和与雇主的关联性。在欧洲一些学徒制最盛行的地方（德国、荷兰、奥地利），这是一项备受器重的选择。德国被很多人看成是学徒制的典范，在它的体系中，几乎三分之二的学校儿童都会接受学徒训练，四分之一的雇主都会加入进来。在这种“双系统”中，雇佣和学费的开支由国家和雇主

在芬兰的艾斯堡市，老师在“奥姆尼亚创造”的咖啡厅里学习iPad技能。

对半承担。这是德国年轻人失业率相对较低背后最主要的因素。

芬兰已经打造了强大且不同寻常的学徒制体系——目前大多数学徒（约84%）都超过25岁。这样的安排被看作是终身学习总体战略的又一个部分。阿伦·维梅伦如今是佳能的产品支持专家，他的经历具有普遍性。他在55岁开始学徒训练。作为一位拥有多年经验的通信工程师，他在与雇主和奥姆尼亚学徒办公室讨论后，参加了一个可以获得数字打印学位的项目。这总共花了两年半时间，其间他依然为佳能工作，不过这个项目替他支付了所有的学费和花销。课程包含了从软件到工作流程、打印机械、客户服务的所有方面。这一资质获得了很高的评价，让客户和雇主对他的技能水平和品质颇有信心。都已经到了事业发展的这一阶段，他这么做值得吗？“哦，绝对值得。大学认可了我之前的（工作）经历。课程很好地使用了媒体、视频，还有诸多研讨。这个过程很棒。学习很好地结合到了我的工作中。我的公司很看重忠诚度，也意识到年长的工作人员所拥有的‘隐性知识’。这一切都是看重人的价值。如今（在59岁的年纪）我正在通过学徒培训获得另一项资质。”

尽管有这些优势，芬兰的体系依然需要改变。政府认为，更多的雇主应该参与进来。政府已经发起了一项鼓励更多人参与的运动，关注16~25岁年龄段更多实习机会的需求。这属于政府的强硬推广，因为学徒的合约一般都是签2~3年。公司以这种开放式的途径投资年轻人时通常都很谨慎（他们那时已获得了被雇佣的权利）——如果他们不够好怎么办？奥姆尼亚自然打算在这方面寻求创新。它开设了学徒制的“2+1”模式，学徒首先在奥姆尼亚花两年时间学习（边实习），之后一年的时间以临时性的合约全职工作。他们认为这样对于想要规避风险的雇主来说会更有吸引力。创造更加灵活的学徒体系，既保证了培训者的质量，同时又为雇主保留了选择的可能性，可以极大地促进学徒得到雇佣。“学习解决方案”（Learning Solutions）的主席默文·詹森（Mervi Jansson）将这样的模式看成是整合的又一个案例：“我们必须突破障碍。不能有界限！我们必须让所有事情同时运转起来：理论、工作、学生支持、资金模式。你能得到与工作极为吻合的技能——雇主非常清楚需要什么。这对雇主来说棒极了，可以说是一笔极佳的投资。”

因此就算在高度成功的芬兰教育体系中，创新的要求依然很强烈。多达13%的年轻人没有处于雇佣、教育或培训（简称“NEET”）的状态中。这一数据相对来说算低的（在欧盟整体上这一比例是17%，在很多国家则要高得多），却困扰着这个如此追求公平的社会。[28]尽管每个人都有机会获得中学职业教育，但这种脱节依然存在。对有些人来说，学校的体系行不通，因为设计新模型更吸引人、更灵活，也能够为投资提供回报。

相信很多政府对这些尝试都会相当感兴趣，尤其是在欧洲，近十年来（学校体系）对年轻人产生了糟糕的影响，这要求人们发明新的模型和途径，以吸引更大范围的雇主以及学习者的更多参与。意大利和英国在2012年都宣布要改进学徒计划。

支撑奥姆尼亚所有创新举措的，是关于教与学的合理、现代而深刻的教学理念。与让芬兰教育体系如此成功的途径相一致，提高教学力量的能力处于核心位置。

正如默文·詹森所说："哪怕是在国家统一的课程体系的构架下，教师需要看到和体验到学习可以带给他们很多不同。他们的技能体系需要扩展到包括移动学习、基于云的服务、游戏化课堂——当然，还有基于项目式的学习。作为老师，我们需要向随时随地的学习迈出重要一步。当学生参与进来了，他们就会掌握。我们说：挑战、吸引、赋予学生力量！学生的反馈和回应就是变革最有力的动力。我们在这里重新塑造未来，不能把未来让位给中国。"

技能的等式曾被认为相对简单：雇主创造工作，教育体系培养有技能的人做这些工作。因此，教育的任务就是为基本的技能和知识打基础，基于这些知识培养更多的技术和职业技能，并且为人们提供正规的机会去学习和获得这些技术和职业技能。在最成功的经济体中，商业和教育在这一点上衔接得很好，紧密合作。

如今，就像第一章所讨论的，这种平衡看起来正越来越难实现，甚至是在失业率较高的情形中。在雇主所需求的技能和毕业生所能提供的技能之间，往往是不对等的。根据德勤公司（Deloitte）[①] 的统计，截至2011年7月，美国有320万工作的缺口。这些短缺通常出现在关键的、高技能的职位，这些职位的门槛很高，对公司的成功也至关重要。技能上的不对等，与其说是局部不匹配的原因，不如说部分源于国家缺乏多样化的人才培养模式；与其说是工作产出数量的原因，不如说源于将教育提供者将资金用于获得一定数量资格证书的做法。芬兰的教育机构获得资金的基础，则是将毕业生找到工作的成功性计算在内的。

然而即便在芬兰这样高度发达（且规模相对小）的体系，技能匹配也是困难的——为了未来的经济需求做规划就更加复杂，因为那时最重要的工作还没有被发明出来。国际劳工组织的劳工经济学家雷蒙德·托里斯（Raymond Torres）说得很清楚："在比如说西班牙这样的国家，年轻人被鼓励获得更高的学术资质，理想破灭和灰心丧气的现象很严重。他们原先被鼓励去取得建筑工程和技术方面的资质，然而如今地产泡沫已经破灭。在教育和劳动力市场之间找到更好的交叉点，是我们要面对的巨大挑战。然而并不能只是简单地追随'经济需要什么'，必须还要有长远的视角。"经合组织已经通过出版《2012技能战略》[29] 为本地的政策制定者提供工具，帮助他们在技能和需求之间进行更好地匹配。

无论是在学习者和雇主之间，还是在现在和将来之间，消除隔阂的一个方法，就是在内部进行技能的学习。有些机构正在定义未来的工作，并且培训自己的员工来做这些工作。

① 德勤，世界四大会计师事务所之一。——译者注。

新兴的教育提供者："企业大学"

印度的印孚瑟斯（Infosys）就是一家这样的公司。2012~2013年，它将雇佣35000名新员工，其中多达20000名将在公司位于迈索尔市的全球教育中心（GEC，Global Education Centre）—— 一个距离公司30年前的创立地浦那500英里远的宏伟校区接受培训。印孚瑟斯的联合创始人纳拉亚那·默西（Narayana Murthy）的宣言是："员工是我们最大的资产。每天结束的时候，当每个人都下班回家，我们的资产就下降到零。"在全球教育中心随处可见公司对这一信条的承诺——从门口的退役军人保安，到修建精致的景观，再到壁球场、游泳池和多剧场影院。印孚瑟斯在向自己眼中的未来——员工的学习投资。

全球教育中心的校长苏布拉亚（Subraya）博士说，提供如此奢华的环境并不只是为了让员工觉得自己受到重视，目的是让被培训者完全专注于学习，而不用担心其他任何事情。这种通过对细节的严格关注来创造完美的学习环境，也被应用到了培训本身的设计上。

这个项目的起源现在听起来令人颇感熟悉——印孚瑟斯需要各个领域训练有素的工程专业毕业生。这些毕业生在印度数量庞大、充满理想、相信高质量教育价值的中产阶级中并不难找，真正难找的是具备在新的工作场所中所需要的正确技能、性格和纪律的毕业生。精确来说，印孚瑟斯的毕业生培训目标，就在于消除两者的隔阂。

从公司办公室可以俯视迈索尔市印孚瑟斯的休闲和体育设施。

苏布拉亚博士描绘了这个项目的四大要素：实践性（能够应用知识和专业的能力）、质量控制（能够评价和保持印孚瑟斯杰出标准的能力）、行为（倾听、演讲、在多元文化环境中游刃有余的能力）和企业价值观。对培训学员来说，早上通常专注于学习新的内容，而下午则是应用型的工作——以小组的形式解决真实生活中的挑战。一位名叫赛达斯的员工说这是它和普通大学最大的区别："好处是，那些概念总是被直接应用。你能理解自己学习内容的重要性。"他觉得在这里，学术概念与职业/实践应用可以直接衔接。

全球教育中心的培训师经常穿梭于市场环境中，以便测试和更新他们关于需求内容的假设。这通常包括新的技术专业领域，如移动和云计算。课程体系中这样的小改动——增加新课程模块的问题总是在发生，而更加深远的变化则需要花费更长的时间才能显现。在苏布拉亚博士眼中，下一片疆域是将他们高技能的软件工程师转变成为"全方位的人

迈索尔市印孚瑟斯全球教育中心的两位学员在交谈。这里有20000名学员。

迈索尔市印孚瑟斯的学员，早上一般专门学习新的内容，而下午则进行应用型的工作。

“印孚瑟斯领导学院”的团队建设。

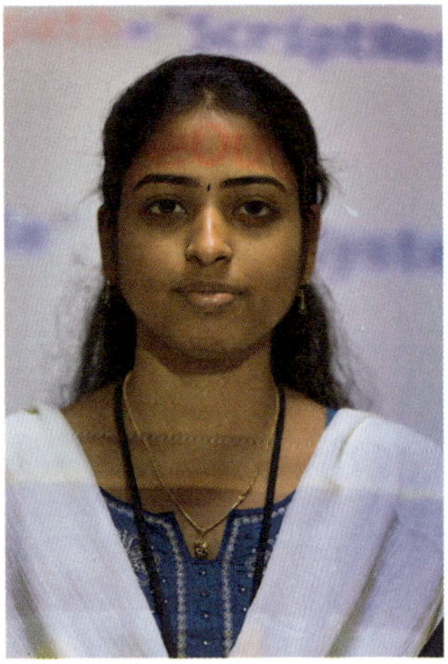

在印孚瑟斯全球教育中心，学员注重工作场所的技能培训。

才，也可以说是干练的项目经理和商业人士”。这种努力看起来起了作用——根据最新的培训学员的评价，在实习6~8个月之后，他们发现自己在全球教育中心里获得的培训与真实工作场合的需求吻合度达到了98.8%。

学员艾丽莎形容这里的经历是“巨大的转型……这里绝对改变了我们。印孚瑟斯让我相信我可以做如此多的事情。这是我所经历过的最美好的事情”。在艾丽莎的日常安排中，这种学习热情尤为让人印象深刻。校园虽然看起来像个天堂，但学习承诺却并不轻松。学员每天在8:30到18:00之间上课，每天晚上还要进行自我测试，检查自己对白天学习内容的掌握情况。然后回到自己的房间，下载和准备第二天的学习内容。

对于“绿色／成绩优异”的人来说，周末可以自由安排，参加校园里的很多体育和文化俱乐部。对于“黄色／中等水平”的人来说，周六可能需要学习一整天，以赶上上一周的课程进度。对“红色／成绩落后”的人来说，整个周末都得用于学习。

这种类似于红—黄—绿交通信号灯的体系能够

被学生和教师理解和观察到。自我评估是自愿的，不过95%~98%的学生每天都会主动进行。教师会观察学生的评估结果，在他们碰到真正问题时进行个别跟进。如果发现全体学生都不理解的话，教师就与大家一起继续探讨。

苏布拉亚博士认为，这是全球教育中心教学体系中非常重要的特色："在这里，学习不是一座座孤岛……它是一个循序渐进的累积过程。"和普通大学不同的是，在那些大学里，你可以挑选课程单元，它们之间有可能相互联系，也有可能完全没有关系；在这里，每个课程单元都是理解下一个单元的必备基础。若没有自我评价体系，学生可能很快发现自己陷于汪洋大海。当然，这种进阶式的学习，可以在由老师主导的强制性的测试中被强制执行，但自主式的元素却反映出印孚瑟斯学习理念的一个关键价值。"学员需要对自己的学习负责……他们必须主动地学习……我们不会放在盘子里递给他们。"尽管学习者的主动性如此之高，实用的边做边学环节却植根于高度结构化的教学当中，与提倡这种方式的研究结果相一致。[30]

对印孚瑟斯来说，学员对学习的投入很高，而回报也很高。所有的学员在全球教育中心时都有薪水，不过不管是在培训当中还是培训之后，学员们并没有留下来的义务。只有不到1%的学员离开。学员的平均工作时间是3~5年——比印孚瑟斯收回投资的时间要长得多。很多人离开是为了深造，取得更高的学位，而在他们毕业之后，这里的大门也永远为他们敞开。

在世界的一些其他地方，非营利机构正在为有意义的技能习得指出了方向。在教育体系表现较差的发展中国家，社会企业家开始与商业开展深入的联系，实现正规教育体系所未能实现的合作。创新，在富于技能和策略的中间方的土壤中萌芽。

中东的技能匹配

艾哈迈德·塞勒姆生活在约旦南部的马安市（Ma' an）附近。这里的文化是贝都因人（Bedouin）① 文化。这里的工作机会很少，娱乐很少，而疾病很多。在长期受失业问题困扰的国家，年轻人遭受了最严重的打击：24岁以下人口的失业率据说是28%——但是多数人认为这个数字更高。根据世界银行的数据[31]，中东和北非地区位居全世界最高失业率之列，并且对于拥有高等教育学位的人来说，失业率是最高的。在很幸运地接触到约旦职业教育基金会之前，艾哈迈德跟他的大多数朋友一样，已经超过一年没有工作了。

作为一个非政府组织，约旦职业教育基金会由华盛顿的"为雇佣而教育"（Education for Employment）慈善计划支持，该计划的开展遍布于中东各地。约旦职业教育基金会的使命是降低约旦人的失业率，以及塑造新一代自信的职业领袖。

① 贝都因人，是以氏族部落为基本单位在沙漠旷野过游牧生活的阿拉伯人。主要分布在西亚和北非广阔的沙漠和荒原地带。属欧罗巴人种地中海类型。"贝都因"为阿拉伯语译音，意为"荒原上的游牧民""逐水草而居的人"。各地贝都因人均使用当地的阿拉伯语方言及阿拉伯文。——译者注。

艾哈迈德·塞勒姆是约旦职业教育基金会培训战略的第一批学员之一。

艾哈迈德是最初被招进来的学生之一。“大多数时候我都非常愤怒。情绪非常负面。我对自己的生活感到相当沮丧，无法看到任何进步的可能。”艾哈迈德来自一个11口人的家庭，其中只有两个家庭成员——他和哥哥在工作。“我学到了之前听都没听过的一套全新的技能。我没以前那么愤怒了。我会使用自己的技能来解决和他人的冲突。我周围的人、我的家人都在问：‘发生了什么？’如今，我一直向大家介绍这个地方，同时也在做出回报：我为那些需要帮点小忙的人们提供免费的焊接技术，也建议其他人来这里试试。”

那么，究竟发生了什么呢？约旦职业教育基金会与MID建筑承包公司共同设计出了一种招聘和培训策略。他们来到马安市，从当地市场寻找了300位申请者。他们第一批招收了60位男生，在马安的工业园里租下一座飞机库，购买了焊接机器。他们与MID的合约是提供薪水、交通和社会保险，如果学员学习通过，他们还承诺在公司项目中为学员提供工作。作为回报，甚至在学员掌握达到3G焊接标准的技术、技能之前，他们还需要学习——有时得从最基础的内容开始——如何当一个雇员，以及如何与他人共事。

瑟林·阿兹米在约旦的贾巴尔·阿尔-卡拉出售面料。约旦职业教育基金会支持学员培养自信与责任心。

范特恩·贾步尔（Faten Jabr）是MID的首席人力资源经理，她已经在此工作多年。她强调，所谓的“软技能”是让来自困难背景、极度贫困的年轻人取得成功的至关重要的平台：“我们招来的很多人都没有完成学业（因为贫困）。他们可能连小学六年级都没读完。我们的确需要基本的识字能力，但他们也必须学习职场的规则。他们的父母可能没受过教育，对于职业环境没有任何概念。他们需要去理解相互尊重、时间管理，以及如何敞开心扉和思维去倾听。从根本上说要去了解工作的环境。约旦职业教育基金会这一点做得非常好。他们也创建技术课程作为补充，然后找第三方来做3G焊接的测试项目，以求达到国际标准。现在我们也在创建一个进阶项目——这是我们很成功的一个案例。我们想和本地的年轻人一起做事情，我们不想在这里出现问题的时候到国外去招聘。我们对约旦社会做出了很大的承诺——我们是一家约旦公司。”

这种获取技能的方式非常符合研究的发现。国际劳工组织的劳工经济学家雷蒙德·托里斯说：“人们现在必须学习人际技能，这些技能可以使他们改变构成企业轮廓的工作、流程和组织的方式。人们必须学习协作的技能，进行前所未有的合作。有很多针对学习技术能力的培训，却少有针对头脑和社会互动的培训——我们需要对此进行研究和开发。”

约旦职业教育基金会的首席执行官马雅达·阿布-杰比（Mayyada Abu-Jaber）是热切的创新者之一，这些创新者们的想法很实际，不管是否经历了挫折和沮丧，他们都有动力和决心去拓展自己的想法。在她的领导下，约旦职业教育基金会并没有做不必要的重复劳动，而是对其他地方的好的做法进行了采纳和调整。他们隶属于“为雇佣而教育”—— 一家区域性非营利组织，它成立于

2004年，秉持着这样的信念：如果年轻人拥有满意的工作，对未来充满信心，他们就能够为发展安全与和平的社会贡献力量。约旦职业教育基金会使用了一些他们的课程体系和理念方法。马雅达主要有两大见解：

第一，将重心从供应转移到需求上来。“我们试着去紧靠商业需求。我们会从需求分析开始：你们的需求是什么？需要什么样的技能？员工类型是什么？我们主要专注于至少需要50位雇员的领域。情况很疯狂，一方面失业率很高，一方面却不断从国外招聘。我们发现，在雇主需要的与学生学到的之间，存在很大的落差。”

第二，如果想要达成满足最弱势群体的需要这一使命，就要求使用积极主动的方法。“我们在寻找他们。那些能够找到我们的人，很可能也能找到工作。”马雅达说，“我们找的是24岁左右、最贫困的人。我们去咖啡馆、大街上找人，我们与社区组织联系。”当然，这些最有挑战的社群不太可能让统计数据变得好看，特别是约旦职业教育基金会还要请其他人来评价成功与否，不是根据招聘的数量，而是工作的留任率。“是的，我们必须强调承诺。能够理解这一点的年轻人会为他们自己努力工作，而不是为了老板，这就培养了职业道德。因此，我们强调‘软技能’的重要性。你必须打好与人合作和自我管理的基础。我们非常清楚如何做才能让年轻人获得力量。他们可以欣然谈论着自信心——曾经他们一点都没有；能够为扬帆起航做好准备，负起责任，不必担心什么时候会止步不前。”这种赋权也让约旦职业教育基金会的“毕业生”有机会通过为新生做指导、给同伴当顾问等方式做出回报，就像艾哈迈德为自己的社群所做的那样。这样的校友网络是建立社会资本的关键。

在一家亚喀巴的酒店，马雅达·阿布–杰比和约旦职业教育基金会的校友以及马安省的当地领导人在一起。

在约旦，对公立教育体系的批评和世界上很多其他地方没什么不同：基于死记硬背的学习；不适合大班教授的课程；低水平的批判性思维。约旦的中产阶级把孩子送去私立学校，在那里，孩子可以学习国际预科证书课程，采用基于项目式的学习，并享受高水准的互动体验。大学学位不能绝对保证就业——根据国际货币基金组织的报告，大学毕业生的失业率是15%。[32]需要再次强调的是，关键仍在于吸引私立领域的完全参与，因为约旦的商业机构并不信任学校和大学的认证。约旦职业教育基金会做到这一点是通过锁定首席执行官们（通常与理事会的人有联系）以及人力资源协会。公立教育正在改变——不过很慢。

马雅达认为，约旦职业教育基金会已经建立了理论依据且雏形初具。她指的是2012年5月国际货币基金组织在关于约旦的报告中对约旦职业教育基金会的模式做出了认可。

“为什么不能进一步扩大规模呢？我们每年只招收1000个学生，扩充到10000人并不是什么难事。当然我们需要保证质量，不过我们也知道如何去做。我们有强大的监督和评价体系：我们对工作场所和雇主进行测试评估；我们采用小组座谈；我们评价我们的培训师；我们也有很好的管理信息系统。这样的模式没有理由不能进一步扩展到全国。运营都已经准备好了。”

很多发达的、工业化的经济体也在迫切呼吁类似的介入。位于加利福尼亚州（简称“加州”）旧金山市的“成长领域”（Growth Sector）就是戴夫·格鲁伯（Dave Gruber）的创意，他在美国已有多年的人力资源开发经验。这是一个以公平为使命的非营利的人力中介，与约旦职业教育基金会相似。不过有些细微

的区别——它的作用是推动现有的公立教育体系改革，而不是绕路而行。

这样做的理由是：格鲁伯认为，凡是不能顺利通过美国学校体系的人，也不会通过短期的工作或技能培训课程得到高收入的工作。在注重教育和技能的经济体中，妄图从入门级的工作开始，通过努力就可以一层层向上爬，已经变得越来越不太可能，特别是在工程和技术这样高增长的领域。

因此，在加州的背景下，几乎人人都可以进入社区大学体系。为了人力资源开发去建造一个独立的体系没有意义，而通过重新设计社区大学，使之与雇主合作（最终提供工作机会），就可以创造切实可行的成功途径。

改革极为迫切。因为经济衰退的影响，美国社区大学的入学率正达到最高点。[33]然而，比如在芝加哥，毕业率只有惊人的10%。芝加哥市市长拉姆·伊曼纽尔（Rahm Emanuel）不得不下定决心重组这一体系。[34]芝加哥的失业率为10%左右，即使如此，还是有10万的职位空缺，因为缺乏足够训练有素的人。美国教育部副部长玛莎·坎特（Martha Kanter）在讨论这一问题时毫不讳言："评价体系支离破碎，课程体系已经过时，辅导还停留在18世纪。"

因此，"成长领域"和美国各地的其他类似项目，如"一年提升"（Year Up），正在与社区大学合作，使它们的教学和课程体系重新跟上时代的步伐，向着真正的学习迈进。这意味着更多基于项目式的、个性化的、协作式的学习正在形成——正如奥姆尼亚这样的先锋所建立的模型。

甚至在基础设施最缺乏的国家，相同的学习原理也可以被应用。在没有学校、培训中心和社区大学的地方，学习的载体通常是技术。非洲的很多地方还没有普及互联网，创新者正在使用那里已有的资源——在下一个案例中，这个资源便是广播。通过有效利用现有的最合适的技术，创新者正在提供办法为正确的地方和正确的人匹配所需要的技能。

尼日利亚乡村有效利用现有技术

2003年，21岁的纳伊米卡·伊凯格沃努（Nnaemeka Ikegwonu）开始“在脑海中”勾画“小农农村广播”（Smallholder Farmers Rural Radio）的图景。纳伊米卡来自尼日利亚西南部富含石油的伊莫州。作为一个对新闻和农业充满热情的当地人，他走访了许多农村地区，被那里贫困、落后的农民徒劳无功的努力劳作深深震撼。他的想法是建一个当地的电台，用小小的、无处不在的半导体收音机，辐射伊莫州的所有农民。电台可以分享关于农业技术、市场价格、天气、政府小型贷款机遇、哪里可以获得最好的种子等方面的信息，这样可以极大地提高农作物产量和改善农民生计。早期的时候，他募集资金，并且在当地人中测试这个想法。为了表达好意、展示知识、与农民建立信任，他将高质量的种子分给农民。2007年，联合国教科文组织给了他资金，他终于可以像样地开办电台了。因为已经在当地人当中奠定了一定的基础，电台一炮而红，并很快拥有了数以百万计的听众。

起初，电台对农业信息的筛选范围非常严格——节目完全专注于农业技术、提示、见解和当地的市场信息。节目由“小农农村广播”核心团队播出。如今，他们还培训操着伊博语[①]各种方言的本地广播员来播放这些节目。纳伊米卡说：“这让我们的频道更有热情，可以和听众建立起纽带。”就像偏远村庄奥比提的广播员所说，他们将内容穿插在民间故事和音乐里，这样人们在娱乐的同时还可以学到让自己的庄稼大丰收的知识。广播员用自己的业余时间在做这些事。白天，他们通过当司机、教师或工程师赚钱。19:00以后，他们与当地的农民们讨论玉米和水稻的最佳种植距离。他们在一个扣着瓦楞状铁皮屋顶的水泥小屋子里工作，设备是一台电脑、一个大大的红色麦克风。一台噪音很大的柴油机为他们的工作提供动力——还会冒很多的烟。当问起他们是否享受这一切时，他们会笑笑说：“当然！……（我们在）将人们带离黑暗。”

奥比提当地的农民也同样兴高采烈。“如今生活变得甜美了。”奥里欧哈说。她瘦弱、爬满皱纹的脸被笑容笼罩着。“玉米、山药、木薯、秋葵、甜瓜、辣椒、落花生——（所有作物的）产量都提高了。”电台自己的评估也确认了这一点。团队检查了这个区域农民们工作的农田，看到无论是耕种的实践，还是农作物的质量和产量，都得到了提升。由此而引发的连锁效应就是，当地的市场正在繁荣起来。纳伊米卡说：“现在买家蜂拥而至……他们知道自己能找到物美价廉的产品。”

① 伊博语是居住在尼日利亚东南部的伊博人的母语，有超过20种方言，使用拉丁字母书写。——译者注。

尤格楚库·伊格博克伊是电台的经理，他强调，电台不只是影响了农民的农业技术水平，更对他们的整体生活产生了至关重要的影响。“对这些农民来说，健康就是财富。他们中的很多人在缺乏足够的睡眠和营养的情况下还坚持劳动。他们骑很远的车去上班，通常家里的卫生条件也很糟糕。他们会病倒，会患高血压。我们经常听到农民在路边突发心脏病而猝死的事情。”因此，在收获和种植的同时，播放关于健康和卫生的节目也成了迫在眉睫的优先要求。大多数节目都会重播很多次，这对于时间非常珍贵的农民来说相当重要。

“收听小组”可以帮助农民深化学习。当地的农民会定期碰面收听新节目，很多人喜欢聚在一起听。这样做有很多不错的理由。首先，多数的农民都是当地合作社的成员，他们互帮互助种植庄稼，并一起运输和销售农产品。提高集体的生产力是每个人都感兴趣的事情。“收听小组”也可以让农民互相提问题，讨论听到的内容，还可以相互监督是否真正使用了新技术。并且，这很好玩。

“收听小组”和电台之间在传递信息。成员会把他们的新知识分享给村子内外没有听到节目的农民，还经常告诉尤格楚库和广播员什么有用、什么没用——比如将节目时长从30分钟缩短为10分钟，可以更好地配合他们忙碌的生活。

随着时间的推移，电台的成功已经明显昭示了补充性的节目对提高农民生活质量的必要性。就拿另一个补充性的小额信贷项目来说。若没有小型贷款帮助农民将收听到的内容付诸实践，学习的价值就无从体现。有时，这就像投资工具和劳动力，以帮助更大范围的土地规模化运作一样简单。到目前为止，所有的贷款都被还清了。

“未来农民”是电台工作的另一个显著延伸。这源于年轻人来到电台要钱这件事。电台团队询问了缘由之后发现，这些年轻人为父母努力工作却得不到收入。因此，团队没有给他们钱，而是成立了一个让年轻人能够为自己工作的项目，帮助他们学习技术，以创造更好的未来，同时又可以赚钱。“这是让年轻人把握青春，”该项目的领导者埃梅卡·勒维奇（Emeka Lewechi）说，“这是帮他们成为工作的创造者，而不是追寻者。”

“未来农民”与中学的年轻人合作，培养他们使用现代农业技术，并帮助他们在学校的土地上开展小农经济。在艾苏（Isu）女子中学，女孩子们选择开办家禽养殖场。利润用于偿还“未来农民”项目的投资、农场的种植成本，并为年轻女性提供小型贷款，让她们在家开办自己的农场。“未来农民”强调说，年轻人在学习农业的同时，也在学习商业。他们需要理解利润、市场营销、商业计划，以便将自己的项目付诸实施。

年轻人占了非洲人口的一半。如今，比10年前多出数以百万的非洲年轻人可以完成小学学业，然而，他们之后的选择依然有限。加快技术使用的步伐——无论是旧的技术还是新的技术——无疑可以解决部分问题。在线学习技能就是一个发展很快的领域。无论是可汗学院，还是麻省理工学院和哈佛大学的开放式课程，这些创新代表了学院制教学模式在真正意义上的非传统选择。

非洲的10亿人口只使用世界上4%的电[35]，很多人连为电脑充电都支付不起，更别说买电脑了。不过，如今一半的人都有手机[36]，这使得手机的使用者和开发者享有更多资源，并且，在非洲，手机在做的正是发达经济体刚刚开始做的事情——从转账到分享谷物的市场价格。缺失的是通过这个中间媒介展开的教学和内容。像芬兰的奥姆尼亚创造这样的创新者正在飞快地发展手机的学习功能。芬兰的教师和尼日利亚的农民在寻求解决方案上也许是殊途同归，通过情境化的技术开发，让技能得以快速有效地更新和匹配。

这种汇聚适用于本章中出现的所有主要的学习原则。印度、约旦、美国、尼日利亚和芬兰的技能学习可能在表面上看起来非常不同，然而有七条主要收获他们都会认同：

1. 从需求开始：与雇主建立深层联系（包括自由职业者，如非洲），让学习变得密切相关、品质卓越、与时俱进；
2. 不断向前看——永远想想接下来会发生什么；
3. 确保学习植根于真实生活、与生活相关联；
4. 将职业学习与主流教育和学术学习结合起来；
5. 尽最大可能将学习进行更为灵活和个性化的设计；
6. 建立本质上至关重要的协作体验；
7. 最大化地开拓可用的所有技术。

本章着重阐述创新者如何实现技能和知识的匹配与更新，让世界各地的人得以自如运用，从而适应瞬息万变的经济需求。不过就像第二章里国际水和环境工程研究所所展现的，仅仅习得更有效的技能和知识不足以带来真正的变革。学习如何有效利用它们来解决现今世界特有的复杂挑战，势在必行。第四章将以巴西和中国的创新者为例，看他们如何解决如此复杂的问题，并形成解决方案。

第四章　更广阔的视野：解决问题

生成解决办法

在卢米艾尔，我们总是把问题看成好事情。问题要有解决办法，在寻找解决办法的过程中学习才会发生……我们教学生失败这种事情是不存在的。我们鼓励他们思考：好吧，那没有奏效。那么为什么没有成功呢？现在，让我们再试试。

——乔安娜·戈尤托
巴西圣保罗市卢米艾尔学校校长

← 学生在巴西圣保罗市的卢米艾尔学校的校园内设计了一个摇摆绳索。

当弗洛伦斯·图布·罗比（Florence Tobo Lobe）谈起卢比萨德基金会（Rubisadt Foundation）时总是充满了激情。故事始于她自己在喀麦隆接受的家庭教育——一个“轻松”的童年。她的父母决定一反潮流，为女儿提供能够得到的最好教育。年轻的弗洛伦斯茁壮成长，最终成为巴黎的一位化学专业高级讲师。

尽管她在法国的工作极富挑战性，也颇为有趣，然而她知道自己还是想回到喀麦隆，为自己的故土做贡献。在那里，很多年轻人习惯了死记硬背式的学习，并不理解所学知识的真正意义。课堂与喀麦隆现实生活中的挑战相脱节，女生的数量远远小于男生。

起初，弗洛伦斯与中学的年轻人一起工作，既有男生也有女生，她希望改进学习的本质，以及科学专业的质量。很快，她开始下定决心，将工作的重心转移到年轻女孩子的身上。原因是多方面的：首先，她为女孩子们的才华和潜质的浪费感到震惊。她看到女生在小学时成绩很好——比男生好——但到了中学，当经济和社会压力变得无法承受时，她们便开始退学。同时，当她开车穿梭于喀麦隆的城市时，发现有惊人数量的女性——很多比她在中学教的学生还要小——在马路上“出卖她们的魅力”。她后来发现，很多人之所以当妓女，是受到了年长女性的诱惑——她们乘坐高级汽车、穿昂贵的衣服做交易。这些女性成为了她们效仿的榜样。

卢比萨德基金会为有才华的非洲女高中生提供额外的科学课程和夏令营活

动。课程体系从两个方向构建——科学的内容和让学生最大程度利用所学知识的个人发展内容。“培养个性”的教学内容完全是量身定做的，全部是从弗洛伦斯（或者说现在是由她的员工）和女学生之间一对一的对话开始：你是谁？你喜欢做什么？你怎么看待自己的未来？然后她坚持开展多种形式的访谈，以便完全了解这个年轻女性的生活环境——与她的母亲单独对话，之后与她的父亲单独对话（如果有父亲的话），与她最喜欢的老师对话，还有跟父母和全家一起进行的小组对话。

这些活动对塑造“个性”非常重要。弗洛伦斯相信，个性对于一个渴求学习、想要持续发展、为国家做贡献的人来说是必需的。在错综复杂的世界里，个体常常会面对逆境，社会也面临复杂的挑战，仅仅学习知识和技能是不够的。喀麦隆的女生在小学发展得很好，然而当她们长大一些，却缺乏抵抗负面影响和环境压力的韧性或独立性。要想发展这些能力，她们需要支持和正面楷模。这一点让卢比萨德的附加课程不单单是课外辅导，而是包含了更多内容，给学生提供了一种全新的世界观、自知之明与责任感，既对自己负责，也对自己的社群负责。

尽管如此，卢比萨德基金会的工作却不局限于个人发展，它也要培养一代顶尖的科学家。弗洛伦斯想要确保学生能够继续下去，让喀麦隆的经济更健康、更富竞争力，并且有能力将她们的科学知识应用到非洲一些最紧迫的问题上，比如水、卫生系统和公共健康。这要求的不仅仅是科学上的专业性，还包括高级别的认知能力，如创造力、协作能力和批判式思维——通常被称作是“解决问题的能力”，或者说是“21世纪的技能”。

本章所探索的这些创新举措提供的是进一步的例子，揭示在错综复杂的个人、国家和全球需求的背景下，不同的创新学习模式生成解决办法的途径。

日出能源中心：建立韧性、适应性和目的性

日出能源中心是1994年始于加利福尼亚州圣克鲁兹市的一个草根项目，2000年搬迁至伯克利市。如今，它已成为一家遍布旧金山湾区的欣欣向荣的非营利机构，为年轻人和成年人提供绿色的劳动力发展和就业机会。它的主要目标之一是提高能效，也致力于赋能边缘群体以及减少失业。如此多元化的途径正回应了那个被描述为经典又复杂的21世纪问题。

根据世界自然基金会（WWF，World Wildlife Fund）的研究，不可持续的消耗模式让人类的环境足迹（environmental footprint）① 比地球制造这些资源的能力大了30倍。[37] 日出能源中心试图在解决可持续发展问题的同时，通过提升人们的技能，为其提供流动机会，让他们适应绿色经济下的工作，从而解决就业问题。近10年间，这一团队改进了他们的方法，尽可能成功地改变了这些工作伙

① 环境足迹，又称生态足迹，是人类对地球生态系统需求的一种衡量指标。它将人类需求与地球生态系统的再生能力加以比较，即为特定人群生产消耗品、吸纳废弃物并使之无害化而具备的肥沃土地及海域面积。——译者注。

伴的命运。以一个虚构的人物为例——就叫他罗伯特——他成长于旧金山附近资源匮乏的里士满，这座城市被联邦调查局评为美国最危险的20座城市之一。在里士满，黑帮活动盛行：如果你住在该地区的北部，那么到城市南部地区多半会很危险，反之亦然。罗伯特有三个兄弟，其中两个被卷入黑帮，第三个兄弟因为贩毒进了监狱。由于辍学，他没有任何文凭，前途并不光明。再加上一条，他是非裔美国人，这意味着他会比自己的白人朋友承担更大的失业风险。2011年底，非裔美国人在美国的失业率是15.8%——是白人失业率的两倍多。[38]罗伯特和他的姨妈住在一起，而姨妈最近告诉他必须搬出去，他担心自己会无家可归。加入黑帮看起来越来越不可避免。说句实话，气候变化会是罗伯特最不关心的问题。

罗伯特是一个假想的人物，然而在为日出能源中心工作的人当中，这样的故事比比皆是。糟糕的生活境遇当然不是进入这家机构的前提条件，然而有相当一部分年轻人的生活都很艰难：有些人有孩子，有些人身负犯罪记录，很多人没有或拥有很少的资质。

日出能源中心面临的首个挑战，就是让这些年轻人拥有相关的技能，使其有能力在当地的绿色经济中工作——这正是第三章中所讨论的“技能匹配”。很多都是相当普通的体力活，比如换灯泡和调节房主家水龙头的水流。另一个更复杂的挑战，是想办法帮助像罗伯特这样的年轻人抵御环境造成的潜在的负面影响。日出能源中心也鼓励他们去关注更广阔的气候变化问题，激励他们为自己和社区建立更光明的未来，以确保机构能够发挥长期的、可持续的影响。正如日出能源中心的执行主席朱迪·平卡斯（Jodi Pincus）所说：“我们在教这些年轻人如何成为领袖、专家、行家、教育者以及未来的公民。”这一切必须在一个财政

日出能源中心一位年轻的能源专家准备为加利福尼亚伯克利的一个低收入家庭做隔热处理。从2000年以来，日出能源中心已经服务了超过16000户民居。

稳健的商业模式中才能完成。

日出能源中心让这一切看起来很简单。“我们称之为三赢策略。”朱迪说。她指的是机构最成熟的项目——加州青年能源服务（CYES，California Youth Energy Services）。每年夏天，加州青年能源服务培训来自加利福尼亚10座城市的近100位年轻人，让他们做房屋评估和翻新，这样他们就可以将免费的“绿色房屋号召”带给旧金山湾区的居民。对居民的“卖点”是，他们可以享受免费翻新房屋的服务，同时还能减少自己的能源开销。为什么？因为这些城市希望达到二氧化碳减排目标并改善当地年轻人的就业环境，所以他们资助了项目资金的20%。其余的资金来自能源企业太平洋燃气和电力公司（PG&E），这家公司有义务减少能源消耗。因此，每个人都是赢家。从2000年以来，日出能源中心已经翻新了超过16000户民居，与超过1000位年轻人合作，减少了超过6万公吨二氧化碳温室气体排放。他们是如何做到这些的？

有效协作是这个组织的核心支柱。日出能源中心的团队由各种各样的人组成，每个人都有不同的能力、兴趣和动机。有些人对人力开发更感兴趣，而对其他人来说这只是锦上添花——气候变化是日出能源中心解决问题的最重要的方面。这种多样性被认为是这家机构最主要的长处之一。就像一位员工所说：“我们相互平衡。”根据自己独特的领导能力，他们鼓励员工将自己划分为类似于指南针的几个方向：在北方的人提供指引；在东方的人有远见卓识；在南方的人情感丰富；在西方的人则是“实干家”。合在一起他们就形成了一个全面、互补的团队，有能力从不同的角度解决问题。“我绝对是一个实干家，”加州青年能源服务项目的负责人希瑟·霍克林（Heather Hochrein）说，“不过朱迪是个有远见的

加州青年能源服务项目的能源专家苏菲·巴里什和特法里·梅纳德在加利福尼亚的马林县开展检查工作。

学生在加利福尼亚的马林县开展能源评测。

人。她可以预见事情的发展方向。”

为了开展加州青年能源服务项目，除了这些长期员工外，日出能源中心还会在夏季的几个月间增加20~130个人。这种工作方式可被看成“云集”的早期范例——多个互相并不太了解的人聚在一起解决某个问题，但很快又四散而去。在一项关于10年后工作世界的研究中，全球研究组织加特纳（Gartner）预计，“云集”将越来越成为工作者自组织形式的特征。[39]日出能源中心员工的急速增加，带来了后勤方面的巨大挑战，但也增强了这一项目的力量。临时员工当中包括现场经理和经理助理，招聘他们是为了培训、监督和指导每一个加州青年能源服务团队（总共有10个——每个城市一个）。他们来自各式各样的背景——很多是大学生或者刚毕业的学生——将热情、目标和能量带到工作中来，并确保机构可以从经常涌入的人们的新想法和新视角中获益。

导师指导是日出能源中心工作中不可缺少的一部分——为了有效地为社会做出贡献，年轻人需要感知自信并得到支持。艾德里安·萨查斯基是加州青年能源服务里士满团队一位25岁的经理，也是日出能源中心全职的社区外展经理。他有着让人印象深刻的好口才和热情。他坦白承认自己年轻时曾是一个“小混混”：从旧金山的一所高中退学，因为十几岁时“做了蠢事”而留有犯罪记录。为年轻人提供更好机遇的心愿一直激励着他。“我有相当强烈的感觉，想和这些年轻人心灵相通。在生活的过渡阶段，当他们刚刚弄明白自己想做什么的时候，却缺少足够的支持。人在体系里很容易迷失，从而跟错误的人混在一起……从我的经历来看，我可以明白他们为什么会变成这样——我会尽力为他们树立一个好的榜样。”

每年夏天，日出能源中心的加州青年能源服务项目培训来自加州10个城市的多达100位年轻人。很多人都来自困难的家庭环境。

HOME
OF THE
WARRIORS

有了这样的培育基础，日出能源中心可以专注于培养韧性和责任感。日出能源中心这些年来所发展的“青年就业培训模式”将韧性设定为年轻人成功地工作和生活所需要的关键技能。培训包括角色扮演和情节设定，以鼓励年轻人发展韧性和核心的软技能，比如解决冲突、沟通和做决策。“你的一个朋友是杰出的团队成员，最近工作总是迟到，看上去满怀心事。你会怎么做？”“一位屋主咆哮着说你打碎了他昂贵的花瓶，要求你赔偿，但你知道自己根本没碰过花瓶，而且很确定花瓶在此之前就已经碎了。你会怎么办？”加州青年能源服务的成员通过讨论和辩论共同解决这些问题。而当工作真正开始，他们将不再依赖于这种组织好的活动，那时他们就可以将自己的独立思考和批判性思维用于实践。

这些年轻人所具有的独立品格在促使他们负起责任方面至关重要。在密集培训一周后，他们以搭档的形式去做项目的营销推广和扩展，或是去居民家中翻新。监督管理保持在最低限，逼着这些年轻人自己去思考。他们中的大多数人都能接受挑战。一位15岁的成员说：“日出能源中心不会告诉你怎么做——他们相信你可以自己解决。”他曾在旧金山湾区被多所学校除名。根据他的现场经理所说，他是项目中最好的青年能源专家之一：“聪慧、专业、有魅力，并且是一位杰出的沟通者。”每年夏天，从屋主的反馈中，通常可以看出这些年轻人服务的杰出水平，90%关于温室的电话回访都打出了“非常好”或“杰出”的评分。居民常常反映说，他们为这些登门服务的年轻人的成熟感到震惊。

年轻人需要面对的一个普遍挑战，就是屋主的怀疑：“有时因为我们很年轻，有时因为种族的思维定式。人们以为我们会弄得一团糟。”15岁的罗德尔是一位来自里士满的非裔美国年轻人，他经常会碰到这样的偏见：“你可以从他们的眼中看出来……当你来到他们的家里，他们会紧张不安。”慢慢地，罗德尔学会了如何去面对这些偏见。“了解你手头的工作是一方面。毫无疑问，你得知道自己在说些什么。但这是不够的。还需要用身体语言来体现。你走进去，挺直腰杆，面带微笑，彬彬有礼——常常要把你的鞋脱掉。目光交流很重要。你需要亲切友善、细心温和，同时又要干练、专业——你要让他们看到，你是在这儿工作，并且工作得很好。要赢得他们的信任。”他耸耸肩，“到头来很简单。你只需要证明他们是错的。”在这样的场景中，加州青年能源服务的成员可以学会重要的一课：掌握知识和技能是做好工作的关键步骤，然而及时处理新出现的、未曾预见的问题，则需要掌握更多抽象的、解决问题的能力，比如足智多谋和人际关系技能。

要想真正成为适应能力强的人，学习者也需要理解如何将技能和知识融入更广阔的视野，以便灵活地将所学应用于其他地方。在日出能源中心，教年轻人为民房升级能源系统只是他们手头任务的一小部分，对于此类工作的必要性，他们还必须为年轻人提供一种综合概念，并激励他们去关注。每个夏季项目都由一个庆祝活动开始和结束，让所有的加州青年能源服务团队都聚到一起。朱迪说：“这让他们觉得自己是某些重要事情的一部分，比自身更为重要——去激励他们。”

此外，培训的一大部分是专注于教授年轻人气候变化的影响。这很重要，因为这可以让他们为最后关于温室的电话回访做准备。回访涉及“教育”居民为什么要采用其他可持续的行为和技术，以及如何使用它们——这样，他们就成了可持续生活方式的代言人。“你知不知道早上给花园浇水比晚上更好，因为早上更凉爽？”“有没有想过为你的阁楼增强隔热？”这个项目的大多数年轻人都很自豪自己能够被看成“教育者”或“专家”，为社区和更大范围的人群做好事。很多人将所学用在生活领域的其他实践中。“我必须承认，我还是会花很长时间洗澡，”里士满加州青年能源服务团队19岁的成员迪朗达笑着说，“但我在试着实践我所宣扬的内容。在加入日出能源中心之前我一点都不了解全球变暖。现在每当我去朋友家，我会告诉他们：‘把电视机关掉——你不知道这是在毁坏我们的地球吗？！’”

这是迪朗达为加州青年能源服务工作的第三个夏天——表现好的人永远都有机会重新回来。她现在正在读大学，学的是广播电视专业。里士满70%参与了加州青年能源服务的年轻人最终都找到了工作或回归了学业。有了日出能源中心的精神和实践作为支持，有了动手实践的培训经历和实战工作经验，年轻人可以成为21世纪真正的问题解决者。他们不只专注于翻新房屋，而且全身心投入类似的问题：我如何使用学到的东西来劝说我的亲友关心气候变化？我如何使用学到的东西来改变自己的生活？我如何使用学到的东西来创建更美好的未来——为自己，也为了全世界？

不过日出能源中心必须保持灵活性。已经有迹象显示，能源升级生意将很快成为过去式。屋主正变得更有环境意识，家用设备也被制造得更为节能。朱迪和她的团队不能掉以轻心。在他们伯克利的办公室里，一面创意板上写满了关于如何将机构继续向前推进的主意——堆肥和环保的草坪绿化都在建议当中。近年来，日出能源中心也在多样化，成功开发了一个绿色能源培训服务（GETS，Green Energy Training Services）项目，将其提供给就业困难的成年人。这一项目被设计成让学习者可以获得建筑性能研究所批准的资质，为他们入门绿色建筑行业做准备。此外，日出能源中心还运作了一个小型的社会型企业——绿色能源培训服务的毕业生可以获得在节能领域的在职培训和就业机会，同时还可以获得软技能的培训，以支持他们在长远的绿色职业生涯中不断提升。它还与隶属于美国能源部的劳伦斯伯克利国家实验室就一项家用电器标准项目进行合作。“他们想要测量居民家庭中1000部家用电器的能源使用量，”朱迪解释说，“然后我们在想，既然我们已经把年轻人送到了这些家庭中，为什么不能跟他们合作，帮助他们完成这个世界级水准的研究呢？”通过互利的合作来获得资源一直是日出能源中心工作的重要特点。

日出能源中心在所有层面上都让人印象深刻。生机勃勃、富有创意，这个团队正在展示的是如何回应复杂的世界，并让人们具备韧性、适应性、自我意识、协作、独创性和目的性。最重要的是，他们在改变人的命运，并且在很多时候都让正规教育束手无策的案例得以成功。

日出能源中心是一个可以形成“混合价值”（经济、社会或环境的价值）——营利性或非营利性商业多维度创造价值的结果——的组织范例。[40] 约翰·埃尔金顿（John Elkington）是企业社会责任方面的领袖思想家、沃伦斯（Volans，一家专注于未来的商业机构，致力于可持续性、创新与创业运动的结合）的联合创始人和执行主席。他最近撰写的《零领域：打破可持续性的壁垒》（*The Zeronauts: Breaking the Sustainability Barrier*）一书，关注的是为可持续性挑战开发创意解决方式的“先锋”。他认为，将商业推向更加可持续的未来是发展的总趋势，而这些“创业家、创新者和发明家”就是趋势的一部分。气候变

化、食品安全、天然气和石油短缺等问题已经威胁到人类生存，商业正在越来越多地发挥起带头作用，回应这个世界上一些最紧迫的问题。

正规教育的发展速度更加缓慢，用埃尔金顿的话说，它总是把世界作为“一个控制之中的实验，当中所有的变量都是固定和已知的”。然而有些正规教育的创新，比如中国的南方科技大学，正开始解决这种麻木懈怠的问题。教育改革在中国已经开始变得可能。就像国际学者、作家和演讲家赵勇教授所说的，“意识到‘应试教育’的负面结果之后，中国已经开启了一系列改革来培养更多有创造力的公民”。这是因为，虽然中国一些地方在国际测试中取得了很高的成绩，但很多人认为国家在培养创新人才方面的失败将削弱国家的竞争力。2008年，只有473项来自中国的创新被世界主要的专利办公室认证，而相比之下，美国同期则有14399项。此外，有些观察家指出，中国的教育体系忽视了发展“无形素质，如主动性、态度、道德”的重要性。[41]尽管如此，在中国的一角，南方科技大学却在证明彻底性巨变的可能性，并且为培养新一代创新问题的解决者打下了基础。

南方科技大学：为未来而创新

从空中俯瞰，深圳市光彩夺目。30年前它还是一个由遍布森林的山丘和芒果树林环绕的小渔村。然而由于紧邻香港，1979年它被挑选出来作为中国的第一个经济特区，引领了中国走向更开放的市场经济的实验。如今，约1400万人口生活和工作在这个布满摩天大楼的城市，这个城市成为了实验成功的有力象征。

然而在近期，当地的经济发展正和中国其他地方一样开始减缓。深圳市政府热切希望将挣扎求生的基于制造业的经济，转型为知识密集型经济。他们意识到，要想成功实现转型，就需要创建一所国际性、最前沿的研发型大学。他们设想这所大学将在中国的高等教育体系中引领创新，与更广阔的世界合作，去追求知识的塑造，以满足当地、国家乃至国际的需求。2011年3月，南方科技大学招收了第一届45名本科生。

通过设立课程——环境保护、新能源、金融数学、未来城市、纳米技术，南方科技大学希望提供关于社会上最热门问题的最高质量的教学与研究，同时在教育年轻人成为“自由的思考者”方面发挥举足轻重的作用。“当然，我们的学生，首先也是最重要的，必须拥有坚实的基础和学术知识，”副主任韩蔚博士说，“然而我们也想要他们拥有全球视角，能够独立、理性、批判性地思考，能够积极看待和掌控人生。”

南方科技大学校长朱清时教授是一位备受尊敬的学者，曾担任中国科学技术大学的校长。他认为，拥有能够培养真正的问题解决者的适合条件非常重要：给予空间、支持和自由，让他们去批判性思考、发挥创造力，以及有效地沟通与协作。“大学是一个学术组织，”朱教授指出，“除非享有自主权，可以自己管理学校事务，否则它就不能真正去追求学术上的卓越，不能在核心职能范围内取得高质量的成就。”

对南方科技大学而言，建立一个主导创新的环境，需要前所未有的自由度。南方科技大学已经成立了通力协作的大学理事会，由大学、政府代表，以及社会上的商业人士和其他备受尊崇的专业人士共同平等地参与。在相关的关键问题上，学生也会被包括进来。

改革技能和能力的评价方式也是南方科技大学的规划之一。全世界的教育者对这个问题都很熟悉：教育体系依然受制于旧时的评价方法，它不能足够反映出如解决问题的能力等“21世纪技能”的重要性。在中国，作为大学入学考试的“高考”让人们筋疲力尽，因此备受指责，被诟病为“背诵能力测试”。南方科技大学的学生何明浩说：“因为这个考试，高中老师将所有的努力都用于帮助学生通过大学入学考试，而不是提升自己知识的质量。优先次序就错了——我们需要学习新的重要的技能，而不是机械地重复信息。”去年，为了更快地招进第一届学生，这所大学没有时间参考高考成绩，这一举动既引起了争议，又得到了广泛赞誉。

未来，南方科技大学的学生需要通过高考：如果不参加高考，有可能影响到他们的未来。然而，为了体现它所寻找的并不只是分数高的学生这一初衷，南方科技大学已经和教育部达成共识，开设一场自己的补充考试。当然，能记住知识和信息很重要，然而南方科技大学的测试也包括评价学生的专注力、想象力和洞察力的环节。朱教授解释说：“比如在一个问题中，我们有可能给学生一支笔，问：‘你能想到这支笔有多少种用途吗？’这是一个简单的问题，不过有的学生可以想到5~6种不同用途，有的可以想出30种。我们寻找的是有想象力的人。”

南方科技大学对自主管理和创新权利的争取在全国范围内引发了争议，让这所大学成为很多媒体关注的焦点。教育部给了这所大学“三年的准备时间”，并继续监督这所大学的进展。尽管存在诸多障碍，仍有一些有利因素能够帮助这所大学取得最终的成功：它由深圳市政府支持（并提供资金），深圳在支持创新和改革方面积累了丰富的经验；它能够吸引到有经验的教学成员，其中很多人在海外工作多年，带着深厚的专业知识和深刻的见解加入进来；它是由对创新的必要性满怀自信和抱有信念的人来领导和支持的。唐叔贤教授在快要退休的时候遇到了他的好友朱教授。“他对我说，这里有很多工作要做，你能帮忙吗？”他苦笑着说，“我无法拒绝这个帮助中国创建新事物的机会。这里斗志昂扬，洋溢着一种‘为什么不？为什么我们不能做得更好’的精神。”

尽管南方科技大学还依然处于发展的早期阶段，可它的学习设计还是具备不少的创新特色。教学是跨学科的，院系之间共同协作，提供跨学科的课程单元，让学生可以超越学科的界限应用他们的知识。同时也注重质疑和挑战，鼓励学生在任何时候都可以提问、讨论和辩论。团队协作也是被高度重视的技能，同样还有将知识应用于真实世界中的问题的能力。一位教授最近带领两个团队的学生参加了麻省理工学院的国际基因工程机械竞赛，与世界各地的学生团队竞争，开发新的生物系统。另一位年轻的教授最近将学生分成8支队伍，全部致力于研发能够在现实世界中使用的新产品。比如，一个小组发明了一个由光驱动的辅助行走器。“学生必须通过共同努力想出点子来，”于洪宇教授说，“他们需要将自己的创造力带入学到的内容中去。”这个项目最终进入了总决赛。在总决赛上，学生可以凭借产品决出名次，也可以相互挑战对方的设计。

南方科技大学正在努力培养一代能够独立思考和解决问题的年轻人，并且满怀雄心壮志从一个45人的小学校发展成8000名学生的大学，既能提供本科生的教学条件，又能提供研究生的教学条件。这些目标实现起来并不容易，然而学校的教职员工很乐观。“我寄予厚望，”唐教授说，“我们不知道未来将是什么样子，不过我认为会有好的事情降临南方科技大学。不曾想到的好事情。”

唐教授最后的评论体现出一个重要的观点——我们还不知道未来会是什么样。教育者所能做的最好的事情，就是培养学生不仅拥有基础知识和技能，也对学习充满热情，并积极参与到世界中来。这样，当问题真正出现的时候，他们就会有能力也有动力去应用自己所学的知识和技能。的确，根据一项长达15年的研究，霍华德·加德纳（Howard Gardner）指出，参与、杰出、道德是构成“好工作”的最重要的三大原则。加德纳教授是一位美国发展心理学家，以“多元智能”理论而闻名。

遗憾的是，世界各地的教育体系正在一个非常基础——吸引学生参与学习的层面走向失败。这一点可以由高退学率和在校学生高度脱离学习体现出来。在巴西，5~14岁孩子的入学率从1940年的25%提高到如今的97%，然而在公立教育体系中还是有很多学生和老师报以冷漠的态度。回想起自己在圣保罗一所学校的经历时，一位刚毕业的学生说：“我总是灰心丧气，因为事实是学习并没有包含足够的探索——总是不足以让自己去发现。学校提供给你的知识，就好像一个密封的盒子，抽象而脱离现实世界。”

圣保罗——南半球最大的城市——正在承受着教育体系缺失的压力。“圣保

1 —学生在深圳市南方科技大学进行放松和运动。它旨在培养一代独立思考和解决问题的人，并将发展成一所拥有8000名学生的大学。

罗很疯狂，”一个心怀不满的当地人说，“几乎40%的收入都用来交税，然而我们能得到什么？马路上不分白天黑夜地拥堵，我们得自己购买健康保险，还有安全问题，还有无法为这些问题找到解决办法的政府。”并不只是民众想从领导者那里得到更多，圣保罗的一些顶尖商业机构为了招聘高级职位，往往要做8~9个月的广告，却依然招不到合适的人选。他们所需要的高水平的认知能力，从批判式思维、独创性，到灵活度和协作能力，有可能非常难找。巴西政府已经开始了一组关于教育创新的新课程，商业机构也开始了自己的计划。

一位意识到教育不足之处的商业人士——里卡多·塞姆勒（Ricardo Semler），自我描述是个特立独行的人，并且曾是巴西系统工程和管理公司的首席执行官。2003年，塞姆勒出版了《七天周末》（*The Seven Day Weekend*）一书。这本畅销书讲述的是极为另类的管理方法，比如用赋予员工自主权，来代替执行严格的企业规章和层级制度。在塞姆勒的领导下，巴西系统工程和管理公司蓬勃发展，收入总额从1984年的400万美元提高到2004年的6500万美元。然而，塞姆勒发现，巴西的公立学校在培养学生解决问题的能力和创新才能方面很落后，因此他将自己的注意力转向教育。2002年，第一所卢米艾尔学校（Lumiar）诞生了。现在巴西一共有三所卢米艾尔学校，两所私立，一所公立，都位于圣保罗州。本章的最后部分将集中探索卢米艾尔创立的部分学习原则，以及能够提供真正吸引学生、专注于发展问题解决能力的教育技术。

卢米艾尔的案例：吸引智慧，解决问题

学习挑战和质疑

这是一个星期三的下午，午餐的剩饭剩菜被清理干净，卢米艾尔圣保罗学校的学生都聚集在一起参加每周的例行仪式——“圆圈”。这是一所包含幼儿园和小学的学校，学生从不到1岁至14岁之间，坐落于圣保罗的中心。“圆圈”是学校民主理念的基石，让全校师生都有机会讨论能够影响学校的事务，并对关键议题做出表决。4岁以上的学生必须参与。他们学习如何辩论，如何表达自己的观点，以及如何评价别人的贡献。年龄小的孩子并不总能“明白”——“我晚餐吃了米饭！”一个热情洋溢的4岁孩子说。然而大一些的学生都有耐心：他们记得自己4岁时候的样子——不知所措却很热心。

今天下午讨论的主要问题之一，其实是关于学校厨房有套茶具被打碎了的事情。肇事者——十几岁的一个男生和一个女生——差不多立即承认了错误：他们在奔跑，有一个人的大衣碰到了茶具，然后茶具就打碎了。在这所学校里，这样的错误不会受到惩罚，取而代之的是为此寻找解决办法。关于这个具体案例，大家提出了不少建议。

“我们应该禁止学生在学校里奔跑！”一位学生大声说道。会议的协调员——8岁的保罗将这一建议写在黑板上。有位老师也表示赞同：“学生需要更加爱护学校的财产——在学校里玩的时候应该更慎重。”这些都是有用的教训，然

而少了这套茶具怎么办？

“也许我们俩该分担买茶具的钱，这样学校就可以买套新的了。”这是其中一位“肇事者”的话，她是一位头发有点金色的13岁孩子。于是，就学生为学校的财产自掏腰包是否公平合理这一问题，师生们接着展开讨论。

这时，6岁的伯纳多突然插话：“你们知道的，钱不是所有问题的答案。如果他们只是给学校钱买一套新茶具，他们可能无法从自己的所作所为中学习。他们的父母会给他们钱，这样就太容易了。学校给他们钱怎么样？让他们自己研究去哪买新茶具，然后利用自己的时间去商店把茶具买回来。这样更有挑战性——可以教他们下次更小心些。”所有人都在窃窃私语，这个主意不错。真是解决这个问题的好办法。

也许，塔拉勒·阿布·加扎雷（一所新创办的在线大学的创始人）会用“智慧”一词来形容伯纳多惊人的成熟言论。据阿布·加扎雷先生所说，在21世纪，“知识”已经不够了——未来将由能够将深刻的见解和准确的判断应用到不同情况和挑战中的人来创造。

学习协作

协作是另一大关键的“21世纪技能”。卢米艾尔的课程体系围绕项目开展，以确保多元年龄团队的共同学习。早上学生可以参加选修的研习会，从电影制作到马戏训练，都是非常规的主题。下午，学生团队共同协作，跟老师一起根据自

达尼洛·雅恩·扎伊德曼从圣保罗市的卢米艾尔小学的户外学习中受益。

己的热情和兴趣所在设计项目。“我们讨论、达成共识，然后做计划。”一位老师解释道。为了让学生能够有效地协作，至关重要的是让他们学习相互尊重，并且做出团队的决定：跟比自己大一点或小一点的孩子在一起学习是发展这些技能和价值观的好办法。“对有些大一点的孩子来说是困难的，”乔安娜·戈尤托（Joanna Gayotto）校长承认，“不过最终他们可以学到这一点——每个人都可以或多或少地做出贡献。甚至年龄小的孩子也能想出非常聪慧的点子。当小孩子也能灵机一动时，大孩子的反应简直棒极了。你能看到他们在思考：‘哦，看来我其实并没有比他们更好。我只是知道的东西不一样，思考的角度也不一样罢了。’这对他们来说是很重要的一课，因为毕竟等他们来到现实世界，他们不会因为年龄被区分开来，他们需要与各种不同的人一起工作和学习。”

积极参与现实世界

卢米艾尔并没有老师，取而代之的是“导师”和“大师”。师生一起工作，可以最大化对学生的学习和支持。导师的主要任务是与学生建立情感上的亲善关系，与学生的父母保持联系，监督学生的进展；而大师则是从当地社区引入的专家，他们都是兼职的——一般是两个月的时间——设计和完成他们自身专业领域的项目。这样的师生关系可以让学生与有着教育领域之外现实世界的知识和经验的成人互动，因此，大师能够把自己的热情和经验带到教学中来，可以让学习更真实。下一步是让学生把自己的学习所得应用到现实世界的问题中来。这并不需要像在南方科技大学那样通过参与复杂的项目来实现，而是可以简单地实行，如鼓励学生带来关于热点事件的简报，然后开展讨论——这是经常在卢米艾尔开展的一项活动。

在圣保罗市的卢米艾尔学校里，安娜和莫拉在分享彼此的小秘密。

为创造力而学——从大处着眼

丹尼尔·平克（Daniel Pink），关于工作世界变革的轰动一时的系列图书的作者，将它称为“交响力”——可以从大处着眼的能力、梳理真正有价值事物的能力，以及发现和整合不同事物去创造新事物的能力。在平克的分析中，未来将由能够掌握“交响力”和其他创造性能力的人所支配。[42]在卢米艾尔，跨学科的学习可以发展学生的创造力。24岁的卢卡斯是学校的大师之一，他前前后后在学校工作了两年时间，同时在圣保罗大学学习哲学和教育专业。他描述了卢米艾尔的教学项目通常所呈现的有机形态：

> 学生们告诉我说他们想要破坏点什么，我就想：我能怎么做呢？因此我们决定去学习火山——自然毁坏。作为项目的一部分，我们建了一个本地区的模型。我们走访各种建筑，以便以缩微模型的形式再现它们，并学习它们的历史。之后，为了完全将城镇摧毁，我们还计算出火山和城镇的适合比例。我们学习了火山的地理，以及火山内部的反应。然后就到了摧毁这个模型的时间。到了这一阶段，学生已经为项目付出了努力，看到自己的劳动成果被摧毁显得很忧伤。这样，我们就可以探索毁坏所蕴含的意义——道德上的、情感上的、经济上的。学生得到了他们想要的——搞了点破坏——然而在破坏的过程中，我们深入研究了大量的其他主题，并且一路走来我们领悟到了很多。

当学习超越了学科的界限，卢米艾尔的老师就可以保证学生向着“技能和能力的摇篮”这一组成卢米艾尔教育支柱的方向发展。根据这一理念的要求，学

卢卡斯·埃斯皮西·昆汀里亚诺在圣保罗市的卢米艾尔学校做游戏。在这里，跨学科的学习可以帮助学生发展创造力。

生必须掌握不同学科领域的系列技能，如计算和写作技能；他们也需要获得更抽象的问题解决能力，如创造力。

霍华德·加德纳的著作在塑造关于创造力的思考方面起到了重要作用。他认为，创造力是一种与技能和智能相抵触的能力。在他提出多元智能的理论之前，基本的论断是我们的大脑就和一台单一的电脑一样——无论你是拥有一台性能很高的机器，还是一台差强人意的机器，或是一台运转缓慢的机器，机器的能耐决定了你能够多好地完成任务和解决问题。加德纳的多元智能理论则认为，我们拥有多台不同的“机器”，包括语言、数学、音乐、空间、动觉智能，并且我们中的大多数人都有某种智能比其他人更强。然而当我们看到毋庸置疑的伟大“创造家”——从爱因斯坦，到毕加索、斯特拉文斯基，再到弗洛伊德——加德纳发现这些人都有着两种智能的独特组合。这就是说，创造力产生于我们不同智能之间的相互滋养。为了完全挖掘我们作为富有创造力的个体的潜质——而不是在某个领域拥有高技能的专家——在加德纳看来，“培养和激励”是让创造力得以蓬勃发展的关键条件。我们必须建造可以培养不同种类智能的环境，鼓励智能之间的相互交叉与辉映。

如果创造力可以被理解为一种将不同的想法和经历关联起来的潜意识能力，那么在卢米艾尔的学习就是在强烈鼓励这一点。学校的空间结构也在支持这一点。教室不应是传统学校常见的那种统一如监狱般的长方形，而更应被描述成不匹配的“空间”集合——长条空间、小空间、长方形空间和圆形空间——每一间都由学生的作品装饰得五彩缤纷。学校特别强调随处学习的理念：教学会在室外进行，学生一起吃饭的时候，在餐桌上也会进行讨论，还有“游戏区”专门让

学生在圣保罗市的卢米艾尔学校参与“80天环游世界”的项目。

学生进行探索和研究。无论何种理由，学生如果觉得无法被课堂吸引，就可以自由加入其他的课堂，或者自学。学校的头等大事就是不断让学生的好奇心保持鲜活，并且确保学生真正全神贯注地学习——霍华德 · 加德纳可能会称之为“创造性思路”。

学习反省

解决问题能力的最后一个元素是反省的能力。卢米艾尔的评价方式将常规的反省也纳入了学习的过程。每一个项目中，师生都需要为自己设定目标。每天结束的时候，他们都要反省自己做得好不好，并且为第二天重新规划目标。“我们的学生也参加巴西小学生全国测试（SARESP），他们的成绩不错，”乔安娜说，“不过我们认为我们自己的评价方法衡量的是更重要的事情，因为这是为每个人度身定制的。毕竟，对某个学生来说，成功是指可以和他人更好地相处，对另一个学生来说，成功可能是指数学学得更好一点。我们需要一个更加个性化的体系。”

卢卡斯则更加全面地看待自我反省的重要性。他说：“圣保罗是个快速发展的城市，并没有很多机会可以反省。每个人看起来都像瞎眼老鼠赛跑般奔忙着，只是忙碌着向前。我认为一部分要归咎于教育。总是有人在为我们做选择——我们该学什么，成功会是什么样的。我希望培养更能反省自我的学生，他们有能力去退后一步，说：‘好的，可是什么才是真正重要的——是为了我自己，还是我所生活的这个世界？’”

虽然卢米艾尔创新的教育方法到目前为止只应用于规模相对小的几所学

校，然而因为它们实在是太成功了，以至于国际组织的同盟也纷至沓来，包括哈佛“零点项目”、剑桥大学、经合组织、微软公司，来探索将卢米艾尔进一步推广至巴西更广大的公立教育体系和世界其他地方。一个叫做塞耐普西斯（Synapses）的同盟已经确定将把卢米艾尔的方法试验于巴西的10所公立学校。“哪里都没有‘万能’的方法，”塞耐普西斯的主席英格里德·希梅内斯（Ingrid Imenez）说，“但我们需要获得某些关键要素来取得成功：教学资源、技术支持、员工发展策略和强大的评价流程。”塞耐普西斯的终极目标是影响教育政策。“需要把这些创新的学习机会提供给所有人，”英格里德说，“毕竟，若想真正实现体制性的变化，我们就需要人们认同我们的愿景——受到其启发，并为之做出承诺。”塞耐普西斯白纸黑字的宣言是关于行动的激情澎湃的号召，要求为看起来无可救药的、过时的教育体系带来激进的变革。宣言是由阿尔伯特·爱因斯坦的一段名言开始的：“如果采用创建时的相同观念，就没有问题能够得到解决。我们必须学着用新的角度去看世界。”

第三章最后列出的那七大原则，都与培养有效的问题解决者相关。不同之处在于强调的重点。现实世界的学习甚至更为重要。个人发展以及学习者的职责也很重要。从技能和知识的习得转变为高水平地解决问题，协作也变得更为重要。复杂的问题很少能够被独自解决。问题解决者必须注意到如何让自己的知识和技能与他人的知识和技能互补。因此，解决问题从根本上看是人与人之间的关联性。无论是在师生间，还是学生和同伴间，或是学生和世界之间，是彼此的关联性启迪人们想要解决问题。

因此学习的环境必须创造空间和目的，以及建立联系。在重点发生变化

在巴西圣保罗，卢娜·达·科斯塔被卢米艾尔学校的鱼缸所吸引。

下，又有更多的原则可以加入第三章最后建议的列表中：

1. 信任学习者，让他们独立；

2. 尽管要监测和指导，但当学习者们成长为独立的个体时，还要为他们提供支持；

3. 拓展视野——向不同的人、空间和见解开放学习；

4. 教学要跨越学科的界限；

5. 民主——鼓励老师倾听和向学生学习，鼓励学生倾听和向同伴学习。

最后，就像卢卡斯在上面说的，人需要被教会如何反省、做出好的决定。这就要求一种新的使命感——对大局学习这一理念的理解和责任感。《驱动力：有关激励的惊人真相》（*Drive: The Surprising Truth About What Motivates Us*）一书的作者丹尼尔·平克，回顾了驱动力的知识基础，并清楚地将其捕捉出来。在书里，他引用了几十年间的科学研究结果，揭示出最有效的激励方法并不是软硬兼施、恩威并重，无论在工作中、学校里、家庭中还是生活的其他层面，提高快乐感和生产力水平的秘诀，在于开发人的内在动力。他总结出动力的三个最强大的元素：专精、目的和自主。[43] 这些元素提供了有用的框架来思考本书的创新案例分析中所持续出现的原理：学习相关联的技能和知识将带来专精；形成面对复杂挑战的解决办法要求树立并实现目的；有了精通的技艺和明确的目的，学习者就可以练习将更多的自主权掌握在手中，为自己选择和界定需要解决的问题，然后为自身和周围的世界创造新的可能。

下一章我们将关注世界各地的学习者得到了怎样的支持以实现这个目标。

THE CENTER FOR INNOVATION
AND ENTREPRENEURSHIP

第五章　下一片疆域：创造可能

创造可能

我学会了把握自己的命运，学会了不袖手旁观，学会了承担责任。没有人提供给我们任何解决办法，（这种方式）完全改变了我。我发现我做得越多，能做到的就越多。如今我不想只当个职员了。

——丽娜·埃尔·雅克洛菲
“青年呐喊”公司创始人、哈桑国王大学学生

当年轻人得到了现实世界的体验，并且从中学习，他们就会改变。通过引导他们、尊重他们，你就会改变他们。他们会像变了个人一样。

——丹尼斯·立特基
“大局学习”联合创始人

◀ 在美国罗德岛州普罗维登斯市的创新与创业中心前，学生戴维·德拉诺斯正在展示自己的企业“加入你的图案”生产的包。这是由“大局学习”所支持的一个项目。

创新者有从不同的视角看世界的能力，因为他们坚信，快速变化的世界与教育体系简直不能匹配，于是试图调查问题的根源所在，并从中找出解决问题的创新办法。旧的解决方式都是基于过去的世界，那时人们没有在全球范围内相互依存、紧密联系，多数工作都是低技能、低薪水的，并且世界都是为我们所塑造的。创新者认识到，不仅他们可以创造新的可能，年轻人也可以且必须做到。

在美国，这一决心和愿景在不断蓬勃发展的、由“大局学习”（Big Picture Learning）所设计的连锁学校实现了。

大都市区域职业和技术中心的大局学习

和北美十几岁的孩子一样，辛西娅·萨帕塔在兴奋地为自己的高中毕业舞会做准备，然而即将离开自己上了四年学的地方，她也若有所思。“直到来了这里，我的生活才真正开始。”她说，“这所学校塑造了我。”

以辛西娅的背景，她高中的发展原本不可想象。她是一个体弱多病的孩子，由于患有一种罕见的遗传性疾病，她幼年的大部分时间都在保温箱或重症监护室里度过。辛西娅的父母是哥伦比亚人。她的父亲大约30多年前来到美国，她的母亲随后也跟了过来。辛西娅的母亲依然不怎么说英语，在家里他们用西班牙

辛西娅·萨帕塔被她的学校授予了泰鲁斯·里瓦斯领导力奖。她说："如果你不知道自己想做什么，这所学校棒极了。大多数孩子都不知道自己想做什么。"

语交流。辛西娅有三个兄弟姐妹。原先他们不指望辛西娅可以活多久，然而她挺过了小学和初中。她的家里曾经遭遇一场火灾，所有的财产都化为灰烬。之后她遇到了命运的转折点：通过摇号招生，她被自己家所在的罗德岛州普罗维登斯市的大都市区域职业和技术中心（Met，Metropolitan Regional Career and Technical Center）录取。

通过在大都市区域职业和技术中心的学习，辛西娅获得了六次在各种机构实习的机会，每周实习都占用她在校学习时间的两整天。她的最后一次实习是在州首席检察官的办公室。她在那里完成的关于青少年窃取身份的调查得以发表，并可公开为公众查阅。她将在当地的罗杰·威廉姆斯大学学习法律，并且她很自信地说，假以时日，她将去哈佛法学院读研究生，将成为一名专攻人权的移民律师。当然，她也是家里第一个上大学的人。尽管辛西娅现在的定位是从事法律，她在大都市区域职业和技术中心学习的过程中曾经认真考虑了包括摄影和航空在内的很多其他选择。"如果你不知道自己想做什么，这所学校就棒极了。大多数孩子都不知道自己想做什么。"

大都市区域职业和技术中心在很多方面，包括教学成果都"棒极了"。学生当中，西裔学生和非裔学生的数量分别是州平均水平的2倍和3倍。69%的学生都有资格申请免费或减少费用的学校午餐（家庭贫困的最好代名词），42%的学生来自英语是第二语言的家庭。即便如此，该校学生的按时毕业率为90%，相比之下，全国平均水平为69.6%，而其他城市的平均水平为45%（纽约市）、25%（底特律）、45%（洛杉矶）。并且95%的学生都被大学录取。还有一些数据可以说明学校对学生的吸引度。2009年，罗德岛州教育部让全州的学生参与调查来评价他们的学校和学习。大都市区域职业和技术中心几乎在所有项目上比其他学校评分都高，特别是在那些众所周知的必须有事实依据的成功做法方面：87%的人认同“我的老师让我对课堂产生了兴趣”（全国平均水平是32%），57%的人认同“我的老师让我做难度大的题目”（全国的平均水平是43%）。

在这些数字背后，是更让人肃然起敬的内容。对这些数据最好的领会方式，就是到学生中间去与他们聊聊。我们在与这些来自城市中欠发达社群里的高中生聊天的过程中发现，他们就学校的重要性、学校如何改变自己、如何为自己创造未来、自己又有多热爱学校侃侃而谈，这实在是件罕见的事情。

联合创始人与联合主管丹尼斯·立特基（Dennis Littky）总结出是什么样的关键思想让他从一开始就形成了创新的教育设计理念：“当年轻人得到了现实世界的体验并且从中学习，他们就会改变。通过引导他们、尊重他们，你就会改变他们。他们会像变了个人一样。”

说到这里就回到一个让人熟悉的话题。从芬兰到巴西的创新者们都很清楚基于现实世界的学习至关重要——无论是培养某种技能体系，或是学习解决复杂的问题。

大都市区域职业和技术中心让学习与工作的关联成为最核心的基础。在这里，工作不是附加的部分，也不只是获取资金的途径。大都市区域职业和技术中心与它的合作学校都是基于这套完整的学习设计理念而建立的。将其应用于实践，就意味着每个学生的一周5天当中，有2天时间要花在实习上。今年大都市职业和技术中心总共安排了超过698个实习岗位，有500多个校外导师参与进来。实习岗位跨度也很大：当地的电台、电视台，体育机构，医院，大小商业机构，文化组织，法律、金融和专业服务公司，军事机构，新技术行业，农业。很难想象有哪种行业是这些年轻人没有机会参与的。辛西娅在首席检察官办公室实习时的工作作品现在已经可供公众使用。学生无论是播出节目，还是设计作品，或是服务他人，都是真的在做。

如此参与真实工作，自然就会发展成为对创业的关注。从基础课程E101开始，学校进而提供强度更大的E360课程。在这门课当中，学生了解整个创业过程，并获得支持，所有的学生都参与进来。2012年5月，在美国一所高中里，第一座独立的创新与创业中心建成，将这一举措推向了高潮。中心落成时，普罗维登斯市市长安杰尔·塔瓦雷斯（Angel Tavares）不仅称赞了这项工程，还对学生们说："我们需要你们。"政客们越来越认识到蓬勃发展的创业文化对经济复苏的重要性，而这一点是传统教育所不能带来的。

这座新的中心为学生提供办公室、商务支持、展示空间与会议空间。它致力于打造让创业公司得以发展、促进学生学习的环境。E360课程的强度很大。根据创意和投入程度，学生被遴选出来。课程涵盖了创业公司的方方面面，以及作为支撑的"学术"内容，包括数学、传播学及其他各种学科。

戴维·德拉诺斯是大都市区域职业和技术中心的一名高二学生，他创造了"加入你的图案"项目，为学生提供定制的手绘帆布背包。杰拉·泰汀也是一名高二学生，拥有和运营"为您创制"品牌，专注于生产定制的健康、无糖、无

↑ 凯撒·布里顿是普罗维登斯市A&P汽配公司的一位实习生，他负责修理汽车和培训其他实习生。

← 布伦达·德·拉·科鲁兹在罗德岛州帮助建造全新的艾珀尔盖特社区花园。大都市区域职业和技术中心的学生可以体验各种类型的工作。

添加剂的纸杯蛋糕，专门为特殊场合和特别口味而打造。“蜘蛛软件”则由安吉拉·穆尔西亚创建，旨在创造维护网络安全的新方式，并同时提升用户的在线体验。所有这些项目的前身是“宏图苏打水”项目，是由12位学生（都参与了1996年的E360课程）合办的公司。这家公司制造全天然的苏打汽水，并从公司全部纯收益中捐赠了超过一万美元用于“大都市区域职业和技术中心资金奖学金”项目。

大都市区域职业和技术中心学校是“大局学习”的一部分。“大局学习”是一家非营利机构，由社会企业家丹尼斯·立特基与埃利奥特·沃舍尔（Elliot Washor）在1995年共同创立。“大局学习”的理念贯穿于它所有的学校——如今在全美国已有52所“大局学习”学校（服务于约9000名学生）。所有学校都是公立学校，有些学校是公立特许学校。在美国以外，澳大利亚、加拿大、荷兰也建立起了“大局学习”的学校。大局学习这一理念如今已成了常见的豪言壮语，不过在“大局学习”这家机构里，却是通过以下这些举措将其理念真正落到了实处：

小型的个性化课堂。在大都市区域职业和技术中心学校，学生会被分到15人一组的“导师小组”。学生会在小组中与小组导师一起度过高中四年的时光。导师对每一位学生都了如指掌，并且在为每一位学生创建强大的学习体验方面发挥着重要作用。“大局学习”的设计寻求的是创建混合课程——小组学习、导师单独指导、在线学习、旅行体验、大学课程——以此为多种多样的个人学习风格和需求提供最适合的学习环境。

与真实世界相关、源于学生热情的课程体系。学生与他们的导师一起制订个人学习计划，将学生的热情和兴趣点融合进主要的知识概念内容中。课程专家会给他们提供支持。学习围绕着项目展开，根据大都市区域职业和技术中心学校的教学目标将课程体系中的其他方面也融入进来。

实习、项目、创业都是学习的中心，而不是边缘。尽管通常学生都是以团队的形式一起工作，但学校还是会为每个学生安排实习。协作学习是这一学习方式的核心。每周两天显然是很大的时间投入，可学校里没人建议将这一时间缩短。如果学生参与了E360课程，则他们所创立的商业项目实际上就会成为他们的实习项目。

小学院式的学习环境。导师小组自己组成了小学院：大都市区域职业和技术中心学校包含6个学院，每个学院有150位学生，这些学院分散在校园的不同建筑群中。每个学院都有自己的身份认同感，它们规模很小，因此学生和老师可以建立真正的师生关系。学院共同使用学校的设施，如健身房、创意和媒体设施，以及创业中心。

立特基和沃舍尔找到在这片空间中进行创新的灵感，动因是出于愤慨：太多的孩子在昂贵而机械的教育机制下都失败了，这实在让人难以接受。他们的愤慨如今已经延伸到了学生毕业后的部分。立特基做了一辈子公立学校体系的校长，被这组骇人听闻的统计数据所激励：在美国，第一代大学生中的89%都从学校退学了，还因此累积了巨额的债务。[44]大都市区域职业和技术中心学校知道大学文凭是通往优质生活的门户，也是重振美国经济的基础。如今它启动了“大学无界限”（College Unbound）项目。借助这个项目，通过与罗德岛州的罗杰·威廉姆斯大学合作，“大局学习”可以基于学生的实际工作授予三年的学位：学习既有丰富的情境，又有深刻的学术内涵。当今世界到底需要什么样的技能和知识？正是这一问题一直在鼓舞着他们。

“大局学习”乐于分享和扩展：除了在美国复制了52所学校，全世界再复制50所学校之外，每年前来大都市区域职业和技术中心这所学校的访问者就超过500人。

然而这样的热情却并没有反应在主流的政策局势上——简单地说，就是处于强调标准化和“基于成绩的”应试体系，“个性化”的理念却被简化了。沃舍尔评论道：“这是很难去施展拳脚的环境。我们并不想运营成千上万所学校，不过我们想要有所影响。我们似乎在国际上做得更好——也许你必须‘先走出去，再引进来’。而且我们想要一直处在不断创新的状态下。”这片教育天地下的一大尝试包括转而为塔尔萨市和萨克拉门托市心怀不满的退学学生运作完整的学习体系（“选择性的教育供给”）。“大局学习”是纽约市iZone项目合作顾问，旨在为纽约市创立新的学校模式。

的确，扩大规模的一种途径可以是向处于底端的不发达群体进一步拓展，有些学生在很小的时候就退学了。根据学习者的热情来使用技术，以建立课程体系，这是英国创新者史蒂芬·赫佩尔（Stephen Heppell）极为成功的“不上学学校”（Notschool）项目正在做的事情。“不上学学校”和“大局学习”都在试图打乱教育体系中的旧有“约定”——每周五天待在学校里，学着别人制定的课程——的新范式，并最终按照自己的要求在学习过程中超越了传统的学习模式。

正如奥姆尼亚、“成长领域”和其他学校，“大局学习”正处于学术和职业传统的结合点上。它表明这两者在某种意义上能够有价值地融为一体。这些项目存在的合理性来自学生所取得的成功以及他们的转变：真正为大学和职业生涯做好准备，做自己生活的主人，为自己的行动负责任，为创造可能有备而来。

辛西娅·萨帕塔将要毕业离校，即将开始她的大学生活，她若有所思地看了看高中的校园，开始畅想自己的未来：“我想……在成为州长之后，我可能会成为第一位女性西裔总统。”

回到芬兰，“奥姆尼亚创造”在做着相似的事情——培养各个年龄的创业者。默文·詹森是这个项目的创始人之一，他评价道：

> 我们已经在热切关注职业教育和培训以及出去经商了。我们又在思考，为什么不在内部创造商业机会，创造更大的融合？我们不想只是又一家创业园、一所培养创业家的学校、一个大学的发展机构：我们三者都是。

“奥姆尼亚创造”将不同年龄、不同教育层次、不同经历的人混合在一起；将正式的学习和非正式的学习混合在一起；将实际场所和虚拟空间混合在一起。它的创业中心为刚起步的商业提供一年的卢奥维瓦（LUOVIVA）项目。它是一个专注于服务行业的创业项目，特别侧重于学生的合作，提供在职学习的机会，鼓励学生在毕业后考虑创业。

卢奥维瓦项目包含商业指导以及商业社交活动。当新的创业者加入“奥姆尼亚创造”，他们会参加一个欢迎面试，他们的特别需求和兴趣都会被标记出来。现在已经有40个商业项目参与其中。创业者可以利用奥姆尼亚商店——一个为创业者准备的学校内部商店——来展示和销售他们的产品。学生和“奥姆尼亚创造”的老师开展基于项目式的学习，随着技能不断发展，他们会晋级到要求更高的项目，最终可以根据他们的工作获得经济补偿。

阿尼娜·西德斯托姆和奥斯凯瑞·纽凯瑞宁在“奥姆尼亚创造”租了场地指导学生。他们使用学校的人脉网拓展自己的生意——o+m=g设计。他们专门利用回收材料设计和制造家庭与个人物品。两个人都上过奥姆尼亚的高中职业课程，都曾在其他公司工作过一段时间，最终将创业定为自己的发展方向：

> 在这里的经历帮助我们发展商业模型，改变了我们的重心。这里的租金很合理，创业者的社交网络又丰富多样。我们在这能得到什么？专业、交流、合作……还有快乐和趣味！我们很爱和这里的学生一起工作。

创业者的思维方式并不一定就意味着未来必须开办创业公司，或者必须在商业领域工作，而在根本上，这种思维方式更多的是关于主动精神和个人效能。然而，经济学家越来越认同，创业精神是成长和财富的主要推动力。美国的创业公司平均每年创造300万个新工作岗位。所有其他的机构，从起步几年的公司到两个世纪以前创立的公司，则是工作职位的破坏者，它们每年要损失100万个职位。《2011年全球创业监测报告》估计，2011年有3.88亿创业者在积极参与启动或经营新公司。[45]

阿尼娜·西德斯托姆在芬兰艾斯堡市“o+m=g设计”的工作室，它是“奥姆尼亚创造”网络的一部分。阿尼娜是奥姆尼亚高中职业项目的毕业生。她说：“这里的经历可以帮助我们发展商业模型，改变我们的重心。”

这既与经济不景气有关，也与新兴经济有关。在中东和北美的很多区域，一股抗议的浪潮丝毫没有减弱，不满的情绪一触即发，通常都与失业有关。不过这不仅仅是市场的失败，或者是腐败的后果，而是在教育体系功能失调的情况下，年轻人为了做出改变而引领的振奋人心的运动。不单单在经济领域需要这些改变，学习体系同样需要。

“吉斯尔校企合作” / “因贾兹—马格里布”

穆罕默德·阿巴德·安达鲁西（Mhammed Abbad Andaloussi）的外形很具有误导性。作为一位退休的银行家，他总是穿着正式的西装，安静的举止体现出他毕生都在金融领域工作的经历。然而在这样的外表之下却怀有一颗迫切的心，决心转变摩洛哥年轻人的生活机会。他思如泉涌，想要抓住任何可能性的影子，然后把它们变成现实。如今安达鲁西是一位杰出的社会企业家，他如此投入自己的使命当中，以至于连睡觉的时间都没有——每天晚上只能睡3~4个小时。让家人感到恐怖的是，他正前所未有地努力工作，并且热爱自己的工作。他的工作也并非默默无闻。安达鲁西努力创立的“吉斯尔”（Al Jisr）和“因贾兹—马格里布”（INJAZ Al Maghrib）得到了施瓦布社会型企业基金会（年度社会企业家大奖）、克林顿基金会（全球公民称号）、阿士卡基金会的认可。他的“吉斯尔”是2011年WISE教育项目奖的得主。

安达鲁西是一位木匠的儿子，是一家七个孩子中唯一上了大学的。他奋斗的动力来自他对摩洛哥的年轻人高中或大学毕业后所拥有的发展机遇感到深深的沮丧。14~29岁的年轻人占了摩洛哥人口的30%，其中49%既没有在接受教育，也没有工作。[46]政府如何快速、有效地处理年轻人失业问题成了争议的焦点，虽然没有发生群体性暴力事件，可从2012年起，失业的年轻人经常参加有组织的示威活动，身着统一制服，将议会大楼外的车辆拦下。在一次行动中，他们还占领了教育部。

抗议者们将目光锁定在失败的教育体系之上，这无疑是正确的选择。当下，摩洛哥人口中只有60%完成了中学学业——绝大多数退学的人都生活在农村。就像卢米艾尔、约旦职业教育基金会等其他机构的参与者一样，就算留下来的人也并不把学校系统当回事。甚至教育与商业之间随处可见深深的鸿沟。

这一切让安达鲁西拿出了两个方案：第一个是“吉斯尔”（即“桥梁”的意思），将商业与具体的学校积极对接。公司职员直接参与，带领学校发展，以此完成自己的企业社会责任，而不是仅仅站在远处捐款。

“因贾兹—马格里布”附属于更广义的“因贾兹—阿拉伯”运动。“因贾兹”的使命是“让年轻的摩洛哥人显露出他们的真正潜力，并通过将公司引入公立教育来激励他们的创造精神”。

“因贾兹”有自己的模式，可以让使命成为现实。就像很多强有力的社会创新行为那样，理念其实很简单。摩洛哥诸多公司里的志愿者受训后直接帮助年轻人。他们使用的材料源自早在1919年就在美国成立的“青年成就组织”（JA，

巴斯玛·丘达是一位“吉斯尔校企合作”项目的学生。

Junior Achievement），经过“因贾兹”采纳和改编。这样做是为了通过动手学习，向学生介绍创业精神。项目旨在创造变革的文化和不同的思维方式。该项目对所有卡萨布兰卡、拉巴特、丹吉尔的公立学校开放，其中一些学校来自最不发达的地区。

“我们有了可以按照自己的梦想生活的机会。”创建了“阿索尔迪”的吉海恩说。阿索尔迪是一个制造“传统感的现代束腰长袍，出自摩洛哥女性，也为摩洛哥女性而打造”的公司。2009年这家公司在国际青年企业竞赛中得到了二等奖。

萨米·阿卜杜勒拉维和丽娜·埃尔·雅克洛菲在高中时创建了“青年呐喊”（YouthYell）公司，这也是“因贾兹”的一个项目。如今两个人都是哈桑国王大学（King Hassan University）的学生，学习信息学，并且刚刚注册了这家公司，打算继续向前迈进。具有讽刺意味的是，他们主要是将摩洛哥的街头艺术（常常是为了表达抗议）带入市场。街头艺术的设计被用在了T恤衫、旗帜、纸张和玻璃器皿上。街头艺术家可以因此养活自己，并更广泛地传播自己的设计。作为上级机构“因贾兹—阿拉伯”所组织的地区比赛的获奖者，这家公司已经进一步拓展了商业计划，并拿到了风险投资。

“我学会了把握自己的命运，”丽娜说，“我学会了不袖手旁观。和其他课程不同，我们学会了承担责任。没有人提供给我们任何解决办法。（这种方式）完全改变了我。我发现自己做的越多，能做到的就越多。如今我不想只是当个雇员了。”

老师和学生在庆祝“吉斯尔校企合作”项目的成功。老师在学习一种新的激励学生的教学方法。

▮ 萨米·阿卜杜勒拉维和丽娜·埃尔·雅克洛菲还在高中时就创建了"青年呐喊"公司——"因贾兹"的一个项目。

萨米补充道："在学校里，是老师讲，学生听。实际上是我们睡着了。到了大学也好不到哪去。在计算机工程领域，基本没有什么互动。尽管如此，我们还是会忍受这些，因为我们认为这些东西可以帮助我们做自己真正想做的事。而在"因贾兹"，我们的导师说：这是严肃的事情，不过让我们把它变得有趣些！事实的确如此。我们太享受这里的一切了。我们学会了商业计划、市场营销、团队协作、管理技能。我们进行了头脑风暴，并学会如何让想法付诸实施。我们考虑了如何让团队成员做到最好。"

"因贾兹—马格里布"如今为大学三年级学生开设了创业学板块。穆罕默德·奥扎尼·图哈米（Mohamed Ouazzani Touhami）是哈桑国王大学卡萨布兰卡科学院的院长，他评价道："我们学院前几年发生了一场革命。我们曾经以'失业学院'出名。学生开始要求不一样的东西。教师在艰难地学习新的教学方法，采用鼓励的教育方法。职业发展是这当中的核心，然而我们没有足够的资源来给予全部的支持。"

"因贾兹"就为这种职业发展方向做出了贡献。在其创业学板块中，它实践性的学习模式与企业志愿者相结合，带来了截然不同的教学方式。学生们非常喜欢。

这一模式需要依赖企业志愿者的积极参与，他们本来可以说，这与他们无关。有种观点认为教学是老师的事情，而商业人士应该创造财富和就业机会。莱拉·马穆（Laila Mamou）——摩洛哥一家主要的金融服务集团瓦法萨拉弗（Wafasalaf）的首席执行官却不这么看。作为一位忙碌的、有影响力的商业女性，她也是“因贾兹”的理事会成员、“因贾兹”和“吉斯尔”的合伙人，也是一位志愿者。她相信她付出了，她（以及她的公司）就会获得回报，并且是多很多倍的回报。她认为，教育和商业紧密连在一起、了解两者的范围和专业性绝对非常重要。马穆女士动情地说，如此深入地涉足这个项目，不仅实现了公司参与摩洛哥社会未来走向的愿望，也“触及了我的人性，以及我最深刻的价值观。这就是让我的生活变得有意义的工作”。

安达鲁西使用五大观点，让众多的摩洛哥企业参与到教育中来。首先，这种合作代表着公司员工强大的职业发展前景。第二，它从事实上改变了企业被讽刺为贪婪掠食者的形象，这是企业社会责任（CSR）项目所无法相比的。第三，它提高了员工的忠诚度，因为他们可以参与到自己信赖的事情中来，还可以有创造力地为之做出贡献。第四，公司在为国家的稳定做出贡献。如果什么都不改变，他们如何能看到未来呢？最后一点，他们有兴趣培养潜在的消费者。

那么，这些观点有用吗？

波士顿咨询公司（BCG，Boston Consulting Group）本身就是“因贾兹”的合作企业，它开展了一项关于“因贾兹”现有的发展及其对未来发展策略贡献度的无偿研究。研究认为，这五大观点是有效的，然而如果想实现安达鲁西理想中想要达到的更大规模，还需要更多的实证。他们的分析认为，摩洛哥的经济发展并不平衡：尽管有一小部分实力非常强大的公司，但从整体上看缺乏小型和中型企业（SME）。为了创建这些企业，需要文化上的根本转变，需要思维方式的普遍转换。波士顿咨询公司把“因贾兹—马格里布”看成是解决问题的部分途径，但是不能只专注于培养创业精神，还要致力于改变课堂的教学方式，从已经过时的被动式教学变成深入的参与式教学。从培养高水平创业精神这一狭义的层面上讲，“因贾兹”的早期表现看起来前途无量。虽然纵向研究还没有完成（并且纵向研究会很复杂、很昂贵），但是根据保守的估计，波士顿咨询公司相信，在近五年内，“因贾兹—马格里布”的模式在摩洛哥的规模可以从现有的每年5000名学生扩展为15000名学生。

这却离安达鲁西的理想相差甚远。“我的使命是变革，而且是十分迫切的变革。我知道我们可以发展得更快。如果我们和政府对半合作，我们就可以连锁加盟——不过重点需要放在质量上，而不光是数字上。它需要成为课程体系的一部分，而不是额外附加的课外活动。一个社会企业家永远都不会灰心丧气，只会坚持不懈。当我们充满热情时，就会变得很有感染力。”

安达鲁西对于将创业学习融进正式教育这一需求的评论，与全球范围内涌现的观点相一致。日本的尾身幸次曾分别担任国家财政、科技和技术大臣以及经济策略大臣，他认为“教育的重点应该转变为发展学生独立发现问题、寻找途径独立解决问题的能力”。尾身博士说到了问题的关键，21世纪见证了从消耗知识到创造知识的转变。

这些努力不能只被限制在知识的议题上。欧盟委员会近期的一份报告指出，尽管多数国家都提供创业教育，总的来说却忽视了创造“创业态度”。[47]将之作为经济理论的分支来教学是不行的。赵勇教授在他2012年出版的书中提到，培养具有创造力、创业精神的人才，需要在教学范式上有所转变——从培养雇员式的教育转变为培养企业家式的教育。[48]

尼加拉瓜的巴士底学校表明，这一分析不仅对发达的经济体有用，对新兴的经济体同样适用。

尼加拉瓜的巴士底技术农业学校

尼加拉瓜是拉丁美洲第二贫困的国家。巴士底技术农业学校（La Bastilla Technical Agricultural School）所在的希诺特加地区，高中就读率仅为20.1%，文盲率很高。教育通常被看成无法负担的奢侈品：很多贫困的家庭靠一小块土地艰难糊口，需要孩子也一起帮忙。

马库斯·费希尔（Markus Fischer）——一位阅历丰富的瑞士裔德国商人没有被这一切吓住，他在2004年接管了处境艰难的巴士底咖啡种植园。他下定决心设立一所为当地人的需求量身打造的中学，让最贫困的孩子找到通向高等教育以及更好就业前景的道路。2009年，马库斯的农村教育和创业慈善基金会（FEER，Foundation for Rural Education and Entrepreneurship）与“授人以渔”（Teach a Man To Fish）展开合作。“授人以渔”是一家通过草根企业在世界上最贫困地区推广可持续教育项目的非政府组织，如今业务遍布全球，为成百上千所学校提供资金和技术支持，创造新的资源价值，让最贫困的孩子可以免费上学。合作卓有成效。

在巴士底技术农业学校，年轻的工人和马库斯·费希尔在咖啡树育种园里忙碌着。

格丽泽尔达·鲁伊斯·埃尔南德斯是一位巴士底技术农业学校的学生。

在“授人以渔”的帮助下，巴士底技术农业学校拿到了资金，开展一系列的商业活动，让这所学校可以自给自足。如今让人印象深刻的是，学校已拥有一群小型企业，包括生态小屋（在庄园里提供客房住宿），鸡蛋、牛奶、猪肉生产，小面包店，几片菜地，还在温室栽种咖啡苗，出售给咖啡农场。也有一些生意失败了，比如养蜂（蜜蜂从蜂巢飞走了）。实验和失败是不可避免的，也是学生学习的重要部分。学校如今自给自足的程度已经达到60%，目标到2015年可以完全达到自给自足。

“通过实践学习”的教学法是高度吸引学生参与的学习模式，也是赚钱的模式。巴士底有38位学生，年龄在15~18岁。在学校时每周三天的时间用于学习学术类学科，两天用于实践性学习，如动植物生产课程。每周，学生小组轮流参与学校的多项产业，以帮助他们获得不同领域的工作经验。多数学生都说他们喜欢这样动手、实践的教学思路，特别是每月底的销售数据——他们学习的有形作品，可以帮助他们树立自豪感，以及培养主人翁精神。

在巴士底技术农业学校，学习是为了打造拥有“创业头脑”的一代人。就像马库斯所说：“一个好主意价值10美分。当你知道如何实现它，价值就出现了。我想要创建一所学校，在把学生变成高效的‘实干家’的同时，也能让他们为自己考虑。”作为这一承诺的一部分，学生必须在最后一年完成自己的商业计划，并推介给全校师生。他们鼓励学生创造性地思考可供自己支配的资源。家里有没有人有多余的土地或房间可以拿出来用？有哪些组织他们可以去接触，获得额外的资助或免费资源？在去年的毕业班学生中，从使用二手电脑开网吧，到开面包店和养鸡场，他们呈现了许多很棒的创意。

足智多谋以及环保意识的重要性贯穿于巴士底技术农业学校的教育设计理念。学校的建筑使用太阳能动力，利用沼气池制造甲烷给学校使用，学生学习优良的农耕经验和天然的虫害防治方法。这些理念在咖啡生意上都有所体现：一开始需要相当多的投入，为庄园取得雨林联盟（Rainforest Alliance）[①] 认证，包含后续的重新造林项目。

① 雨林联盟成立于1987年，总部设在美国纽约，是非营利性的国际非政府环保组织。其使命是通过改变土地利用模式、商业行为和消费者行为来保护全球的生态系统和以此为生的人类及野生动物。目前，雨林联盟正与全球数十个国家的企业、政府和社区组织共同合作，帮助他们改变土地利用的方式，制订长期的资源利用和维持生态平衡的计划。——译者注。

这么做并不是出于多愁善感。马库斯发现这样一个常识：保证了人类的幸福安宁，保护了生意所依赖的环境，消费者就会为道德产品支付高额的附加费用。英国哈罗盖特市的泰勒茶业就是他们生产的阿拉比卡咖啡最知名的买家，马库斯希望庄园继续以道德品牌扩大声誉。在他眼中，民众、地球、利润——“三大底线”是密不可分的。

发展专业素养也是巴士底技术农业学校学习过程中的重要组成部分。两年后，学生获得高中学业证书，第三年则专注于自己选择的技术领域。他们帮助、指导低年级的学生，并且作为农业技术员毕业。最后一年的学习让他们可以获得更高水平的技能，通常也意味着他们能够跳过五年大学学习的第一年，甚至第二年。这激励他们在毕业后继续追求高等教育。

巴士底技术农业学校的大多数学生都想上大学。这非常了不起，因为他们中的很多人都来自认为教育的价值十分有限的社群。20岁的尼尔森·拉努萨是巴士底一位刚毕业的学生，他曾经也把教育看得微不足道，然而在这所学校的经历改变了他的看法。尼尔森的母亲是一位目不识丁的家庭主妇，父亲是一位普通的农民。尼尔森有10个兄弟姐妹，全家人的生活十分艰难。然而尼尔森梦想着自己有一天可以成为农业工程师，有足够的技能可以赚不错的薪水。在读小学时，他的梦想灰飞烟灭。“我不喜欢那所学校和那里的教学，”他说，“我觉得上学很无聊。我看不到学的东西和我的生活有什么关联。”

和很多尼加拉瓜的孩子一样，尼尔森没有上中学。他在11岁时退学，追寻父亲的脚步成为一名农场工人。要不是因为15岁时发生了重大变故，他本可以继续这

巴士底技术农业学校的学生在种植玉米。每周他们的在校时间中有两天会专门用于诸如动植物生产之类的实践性学习。

样下去。尼尔森生病住院，医生告诉他有可能永远都不能痊愈了。“那让我意识到，我需要给自己多些选择。我很担心自己如果当不了农场工人该如何养活自己。”

尼尔森遇到了唐·凯撒，巴士底的这位老师劝他来看看这所学校。“我去学校看了，他们告诉我说，只要我承诺努力学习就可以录取我。因此，我回家收拾行李，第二天就到了巴士底，成为了一名一年级学生。我没告诉父母自己去哪了，我就那么走了。”

尼尔森已经有4年没有进行全职学习了，所以来到巴士底读书令他有些紧张，然而这一决定改变了他的人生轨迹。“我原以为自己已经很了解农村的工作了，然而通过学习收获的知识和体验，让我能够更高效地工作。”在学校的最后一年，他专注于蔬菜种植，不过他最喜欢的还是做咖啡讲解员。每当介绍咖啡的时候他就会神采飞扬：他对种植咖啡的热情显而易见。“讲解员的工作让我认识到，自己不光能学点东西，还能教点东西。我从咖啡讲解中收获了自信。”

2011年毕业后，尼尔森得到了加工厂咖啡质量监督员的工作，领导8个人的团队。如今他的月收入是250美元，是与他同龄的农业工人正常收入的两倍。周六他在希诺特加附近的镇上读大学，尼加拉瓜无法全职上大学的人通常都会选择这所学校。此外他也在上信息工程和农业合作课程。他对自己的成就很自豪：“我的兄弟姐妹中只有两个上了高中。我是家里第一个上大学的。我的家人从来都不相信我可以坚持下来。他们惊讶极了。”

尼尔森的成功并不是唯一的案例。和他一起在2011年12月毕业的学生都获得了让人印象深刻的机会：有一位创立了她自己的会计公司，另一位拿到了奖学金前往纽约的一所大学学习，还有一群来自密斯奇托地区的男孩子回到土生土长的家乡当了老师。他们花了两天的时间才回到自己的家乡，主要是走水路。尼加拉瓜的北部几乎没有任何基础设施，然而这些学生希望利用自己在巴士底技术农业学校学到的东西让自己的社群改头换面。

通过原始农业获得利润非常困难，特别是在一所与最近的商业中心还有些距离的学校。事实上，尽管“生态小屋”是到目前为止学校运作的利润最高的生意，然而其本身也是个教训——总的说来服务业比原始行业利润高得多。为了将“生态小屋”的利润最大化，学校投入了很多资源进去。当然它依然是小规模的。国际劳工组织的经济学家雷蒙德·托里斯认为，贫穷国家关键要学习如何从小型企业过渡到中型企业——这些企业非常稀缺，而且很需要它们来推动经济增长。

尼尔森下定决心在农业领域追求事业成功，不过他也学到了服务的价值。热忱又专注的他正在酝酿将来自己创业。“我真正想做的是销售农产品，但我注意到很少有这样的商业包含服务元素。以我的专业经验，我可以给客户建议，并追踪他们对产品的看法。实际上我可以成为农业顾问。”

尼尔森·拉努萨、辛西娅·萨帕塔和丽娜·埃尔·雅克洛菲代表了不甘于为他人打工的年轻一代，即使他们也有很高的技能。这些年轻人想要以更加公平合理、可持续发展的新方式打造和创建他们的社会。他们不想从事现有的企业和组织已经在做的事情，而是想要定义工作的新领域。

尼尔森·拉努萨正在尼加拉瓜巴士底技术农业学校的乳牛场工作。“我的兄弟姐妹中只有两个上了高中。我是家里第一个上大学的。我的家人从来都不相信我可以坚持下来。他们惊讶极了。”

约翰·埃尔金顿相信，新一代的领导者并不会被自己身处的瞬息万变的世界弄得晕头转向，而会拥抱这一切。他们伴随着互联网和现代媒体长大，并且可以极为有效地使用这些工具来影响变革。这些年轻的领袖将会与目前的领导者风格迥异，并且有潜力引领新的格局。“当下我们的政治层面很混乱，也不知道下一步该怎么走。年轻的一代自信、坚决、随机应变。他们让人们得以用10年前还不可想象的工具和技术思考和行动。在很多方面这些都是积极的变化，将会给工作和学习带来激进的变革。”

作家、记者保罗·梅森（Paul Mason）也赞同这一观点。[49]他认为“毕业生没有未来”是对经济问题的表达：西方的模式已经分崩离析，无法为高学历的劳动力提供价值足够高的工作。然而关键的商品——文凭——如今却如此昂贵，需要低收入者工作几十年才负担得起。然而，他所采访的失业毕业生中的激进者也有不同的故事：他们创办了在线杂志，建立起咖啡馆或剧团，或是——就像他访问的安达卢西亚农场那样——把废弃的土地拿来种植蔬菜。梅森写道：“这一代人在缩水的国民生产总值与信用崩塌的裂缝中创造商业、文学和艺术形式。”

为了从“裂缝”中创造这些新的可能，基础知识、技术和数字技能必不可少；人们也需要协作、批判式思维、富有创造力的问题解决能力。除此之外，他们还需要持有一种看待世界的新方式——“扫描世界和新局势”的能力。[50]

这里所传达的学习理念正日趋显现。第三章打下的基础在这里得到更加迫切地应用——从真实世界的学习和培养相关技能，到协作和责任。第四章增加了更大的空间和自由度去锻炼批判式思维和创造力。第五章则贡献了最后的要素——自力更生，与世界建立深刻的联系，让学习者能够感知迫在眉睫的新挑战——并且付诸行动。就像巴士底技术农业学校的马库斯所说的从“思考者到实践者”的转变。因此添加到学习理念中的最后两点就是：

1. 促成联结——支持学习者与周围的世界建立有意义的紧密联系；
2. 培养自力更生的能力——创建学习者必须自己做决定、为自己创造可能性的环境，并确立过程中所使用的审核模式。

第六章将从一些不同的角度来看待这些原理。习得技能、生成解决方案、创造可能，需要更强的控制感，以及对我们所生存的世界的责任感。有些来自优秀的学习模式，多数则是来自我们所接受的价值观。

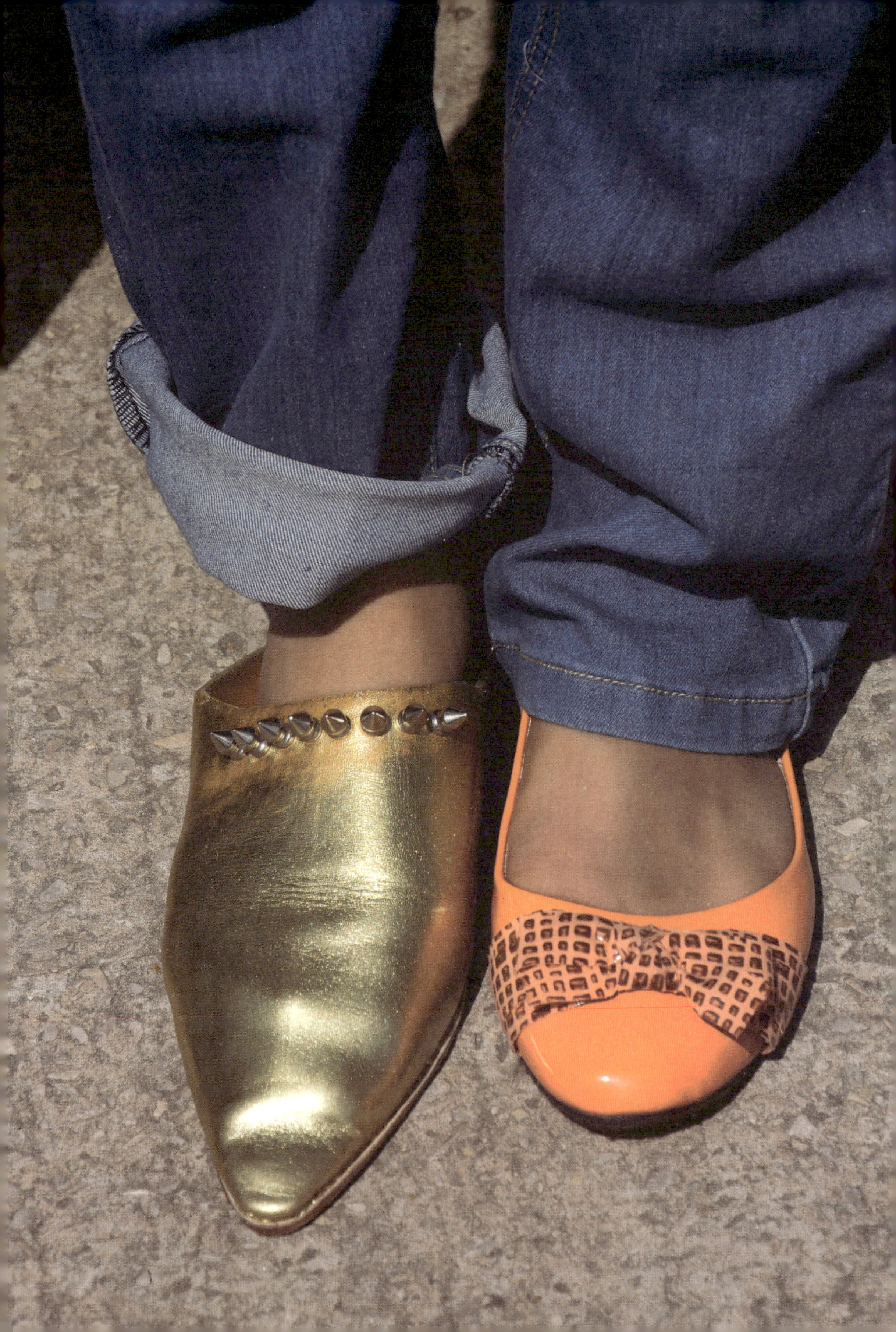

第六章　揭开学习的价值

创新者如何解释价值并改变社会?

我真的认为最核心的问题在于教育。我们需要有益于社会的人。但是那看起来并不像教育体系所优先考虑的事情。

——陆晨晨
南方科技大学学生，19岁

你可以培训和教育人们去做某事，不过除非体系激励和奖励某种行为，否则你只能面对很多沮丧的人。学习本身是不够的，因为人们是处于体系和文化当中的。你需要让人们在拥有技能和知识的同时，也专注于改变体系和文化。

——约翰·埃尔金顿
沃伦斯联合创始人、执行主席

← 在摩洛哥"吉斯尔校企合作"/"因贯兹"的项目里，学生制作了一只东方式的拖鞋。在这里，创业精神正被融合进正规教育之中。

Shodh Yatra是一句印度短语，意思是“学习行走”。安尼尔·古普塔教授是蜜蜂网络的创始人、印度国家创新基金会的执行副主席，他经常练习这样的行走，定期带着成群结队的当地人和来自印度不同地区的外国人实践这样的行走。他们走过了春夏秋冬，平均的行走距离为250公里。他们经过了无名的小村庄，遇到了形形色色、不同年龄的人。这样的行走是寻找新的见解、创新和创造力的一部分，包括农业新方法、营养配方、当地动植物的药用价值，等等。随着阅历的增长和时间的推移，（这些知识和见解）得到了发展和完善，而这通常都是在印度偏远地区的恶劣环境中完成的。晚上他们会举行“晚间会议”，行走者和村民聚集在一起分享他们的所得，交换彼此的想法。

在这些行走当中，学习可以有很多不同的来源——从同伴中，从自然里，从创意社群，以及“内部的老师”那里。对古普塔来说这很重要，因为在他看来，“知识的创造和确立是由全球人口中的一小部分来掌控的，往往还伴随着既得利益者对现状的维持”。如果我们想要挑战现状的话，对传统意义上被边缘化的群体和被忽视的来源——古普塔称之为“无名的创新者”——开放知识经济就非常重要。古普塔在蜜蜂网络的部分工作就是仔细研究、记录、评价许多不同国家的草根创新者，将他们与行业专家建立联系并助其找到资金。这些工作由强烈的、想要建立更公平合理社会的愿望所驱使，在这样的社会里，“位于社会顶层的传统的知识生产者可以认可底层的人们潜在的贡献”。

“学习行走”的设计证明了通过观察、互动和移情进行学习的重要性。就像古普塔所说：

我们很少鼓励学生去改变前辈错误的生活方式。他们被教授的不是要对社会问题负责，而是与之分离。结果，社会反馈影响我们做决定的潜质缺失了，因此过去的错误又卷土重来。

古普塔相信，学习应该鼓励我们与周围环境建立情感联系，并且自问和面对的问题关联多深。他总结出了可能会出现的问题："我们知道的很多，感受的很少，做的就更少了。"

这与教人们"学以致用"的创新者和创新案例有什么关系呢？本书中所有的创新者都对学习者谋生的价值问题极为重视。他们找寻的是去影响人们生活和工作的更广义的文化准则——从尼日利亚的小农农村广播教农民快乐、健康和卫生的价值，到巴西的卢米艾尔小学年轻教工鼓励学生自省，再到加利福尼亚的日出能源中心团队努力培养热心解决气候变化问题的年轻劳动力。这些创新者大多数不只是想传递一套理想的价值观——全世界的教育体系好几个世纪以来一直在这样做，而是在重新定义参与社会的意义。

在一本关于学习如何帮人们更好地为工作做准备的书里出现这样的内容，可能让一些观察者大吃一惊，因为成功的实践性、职业性的学习和培训，通常很狭隘地被定义为成功地帮助人们展开卓有成效、有利可图的活动。在很多文化中，人们认为职业学习只不过是一种功能性、技术性的追求而已，这种观念催生了职业学习低于学术性、智能性的追求——"为学习而学习"——这样一种态度。通过探索从事优质工作的固有价值，社会学家理查德·桑内特（Richard Sennet）在《工匠》（*The Craftsman*）一书中提供了令人信服的相反观点。他在结论部分中这样写道："工作的人类因技能而变得丰富，因好的工匠精神而变得高贵。"他将工匠技艺定义为广义上的任何实践工作——无论是木工、科学发现，还是育儿——不仅仅是作为达到某种目的的手段，而是由承诺、好奇和质疑的习惯所驱动，将追求卓越作为最终目标。桑内特认为，通过"隐性知识和自我意识之间一种微妙的相互影响"来开展一个人的工作，可以提供给人们如何充分参与整个世界、如何探寻更广泛的伦理问题的见解。[51]书中的大多数创新者都认为，他们的工作不仅仅是培养学习者的工作能力，而是教授和支持人们成为不仅挑战社会，而且秉持将社会变得更好的信念来思考、行动的积极主动的公民。

在好几个案例中，他们都是质疑自己所在国家的普遍现状。中国的南方科技大学就是这样的例子。那里主导的教育体系依然以服从为特色，而新一代富有的年轻人很多已经开始享受豪车和新科技这些让人飘飘然的自由。一位物理教授一面指出："我们也应该教这些年轻人学做好人。"一面却又怯怯地问："期望一所像这样小规模的大学来改变社会，是不是要求太高了？"

价值当然可以定义和改变社会。如果出于好的目的，各种层面的人——无论贫穷还是富裕，年轻还是年长，被边缘化的还是贵族化的——一定都能感受到责任并有意愿付诸行动。他们也需要得到实践支持来实现自己的想法。如果缺少这些要素，一个年轻人可能会为气候变化感到忧虑，却觉得自己没有能力或没有动力去做点什么；一个退休的人可能想在老年时继续学习，却认为这不合时宜；一位在孟加拉国工作的女性，可能认为男同事的收入是她的两倍，虽感到这样不公平，却也无力去改变这一情形。全世界的创新者正在做些什么去鼓励基于价值的学习和行动？他们在回应的问题是什么？

什么价值？为什么？

加纳遗孀的自我尊重

在加纳阿克拉的户外会议中心，2000名遗孀正在享受着她们的快乐。她们来自全国各地。有些戴着面纱，有些戴着十字架；有些在兴高采烈地大笑，有些则很安静，沉默寡言；有些穿着印有她们遗孀群体的T恤衫，有些则穿着传统服装。最年轻的20岁，最年长的95岁。丈夫的离世以及随之而来的与社会脱离，让她们每天聚集到一起而载歌载舞，与辛比妈妈基金会（Mama Zimbi Foundation）和遗孀联盟网络（WANE，Widows' Alliance Network）的著名创始人阿库玛·辛比妈妈（Akumaa Mama Zimbi）见面的喜悦，让她们在这一天聚集在一起。

成为遗孀在加纳被看成是个诅咒。按照传统，女人会因为丈夫的死而被怪罪，无论夫妻当时是不是在同一个地区，更别说同时在家的情况了。很多人被贴上女巫的标签。已故丈夫的家人可以取得任何房产和资产。遗孀不被允许参与任何的葬礼或纪念仪式。她们不能洗澡、不能吃饭。她们被留下来照顾自己的孩子，没有任何资源，也没有自尊。

当主持一个主题为婚姻、爱情和性的电视谈话节目和广播节目时，辛比妈妈——真名叫乔伊斯·阿库玛·东格泰-帕迪（Joyce Akumaa Dongotey-Padi）夫人——会收到收听和收看节目的遗孀们的短信、电邮和电话。她们讲述了关于自己所失——不只是丈夫，还有自己的生活、房屋和信念——的痛苦故事。“她们来自加纳遗孀联盟网络的遗孀。

的故事让人心碎。”她说。遗孀会说到自己的孩子们不得不辍学工作，或是为了帮助家庭维持生计走入童婚。作为丈夫中风的惩罚，一位女士被拖到了污泥里。2007年，出于强烈的社会不公平感，以及解放遗孀的强烈愿望，辛比妈妈创立了遗孀联盟网络。联盟网络的部分工作是组织年度会议，将加纳全国各地的遗孀聚在一起，联合反抗。

当辛比妈妈第一次在会议中演讲的时候，整个房间的人都站了起来。女人们挥舞着自己的白手帕，随着音乐摇摆，并呼喊着“Medaase!”（意思是“谢谢”）——辛比妈妈的著名口号。这不仅仅是为了表达感谢，也意味着赞许，意味着你和你做的事情很重要。她鼓励妈妈对孩子这样说，也鼓励孩子对妈妈这样说。在辛比妈妈看来，“Medaase”是新社会的基石，在这个社会中，我们更在意彼此，更珍视互相的贡献。这可能发生在家中，在工作场合，或是夫妻的卧室。遗孀联盟网络的下一步工作是为女性提供情感上和实际上的支持，让她们在资金上能够自给自足。这个组织支持遗孀群体去发现当地有可能实现的小型商业机遇，并提供她们让商业运转起来所需要的技能培训。“我们对理论上的教学不感兴趣——理论需要通过实践才能发挥影响力。”

来自阿克拉北部的莉迪亚参与了当地的一个团体，这个团体创建了一个小型肥皂厂，辛比妈妈基金会为其提供了创业贷款以及培训来帮助工厂运作。还有团体生产加里（gari，又叫kenke，是木薯和玉米粉制成的一种主食）和棕榈油。这种实践工作不仅可以帮助遗孀赚钱，还可以让她们自信起来，并转移悲伤情绪。对年长的女性，特别是没有子女的女性来说，这也可以消除她们的空虚感和孤独感。就算在不工作的时候，她们也会坐下来和年轻女性一起唱歌、聊天，鼓励她们。

人们在希普科遗孀协会的加里加工厂上聚集起来，这是加纳沃尔特地区的遗孀联盟网络项目。

加纳的沃尔特地区，希普科遗孀协会的成员在一个辣椒农场上工作。遗孀联盟网络支持当地的遗孀群体创立小型商业，并提供相关培训。

然而遗孀联盟网络教给遗孀的最重要的一点是，在我们对周围的世界做贡献之前，必须重视自己和自己的能力。没有自尊，加纳的遗孀就会一直被社会遗弃，就会一直贫穷、受迫害，没有权利。

日本长者的互助

在一个非常不同的环境里，几千公里开外，世界上最高的电视塔刚刚在东京东北部的墨田区开放。在聚光灯闪耀、收银台忙忙碌碌中，游客们涌入这个令人望而生畏的新景观——一座634米高的玻璃和钢结构建筑，俯瞰着这一地区特有的传统斜式屋顶以及宁静的神社。在这个充满诸多悖论的国度，新旧常常和谐并存。

在这座耀眼的方尖塔投下的阴影中，五位退休者正在加紧工作。他们是当地银色人力资源中心的成员。这是一个由日本政府资助的网络组织，帮助60岁及以上的退休者从事基于社区的、有偿兼职的工作，并且鼓励他们灵活地学习。自1974年成立以来，这一组织目前已拥有超过80万的退休会员。

这个特别的五人小组被称作“好客团队”，每周他们在墨田区都要进行三次巡行，每次要花4小时，走8公里远的路。他们穿着配套的衣服，戴着同样的帽子，上面印着地球的标志。他们的工作主要包括捡垃圾、园艺和为游客指路。他们在完成“职责”时对细节的注重和关爱让人印象深刻。再小的一点垃圾都不会被忽视，而每一位路过的人都会得到欢乐的问候。热情招待他人对他们来说不仅仅是职位描述，而是一种行为准则，一种生活方式。

银色人力资源中心的成员在日本东京收集垃圾。

朔茂女士—— 一位67岁的老人——停下来从一盆五彩缤纷的吊篮里面捡走一片枯萎的花瓣。就像很多银色人力资源中心的其他成员一样，她有着非常高技能的专业背景，退休前在教育主管部门工作。她为什么想做这份工作？“可以让我保持活跃，身心方面都是，”她解释说，“比如我已经在这个领域学习到了许多，这让我觉得收获颇丰。你看到这朵花了吗？这是杜鹃——墨田区之花。”

银色人力资源中心最初由日本政府设立，为的是回应人们认为社区的凝聚力正在下降这一普遍观念。大河内大野是一位知名的日本社会学家，在银色人力资源中心的设计中很有影响力。他认为他们的使命是向退休者灌输四大主要品质：独立、自主、协作和互助，希望这些品质可以让长者们在之后的日子里生活得更好，帮助他们保持活力、健康和相互联系。政府和当地的企业以及公共组织共同合作，获得兼职工作机会，然后分配给银色人力资源中心的成员。除了一般的办公室事务和照顾儿童的工作，也包括打扫公园、分发手册，多数工作都是常规的、低技能的。近年来，他们开始将高技能的工作包括进来，比如信息技术和翻译。有些中心为退休者提供培训，让他们“再获得”这些新兴工作形式的技能，由此，中心也成了热闹的社区活动场所。作为终身学习的成功者和受益人，退休者还举办关于插花和烹饪等日本文化方面的研讨会。

如今日本没有哪座城市看不见银色人力资源中心成员的身影。如果退休者想要学习和工作，他们就可以——并且他们当中的很大一部分都是这样。从第一个中心在东京成立以来，对年长人士为社会做贡献的需求正变得越来越急迫——日本正面临着老龄化问题。数据很惊人：到2060年，预计超过65岁的人将占据人口的40%。[52]现在，老年人应该成为社会积极的参与者，而不是由统计数字日本银色人力资源中心的成员。

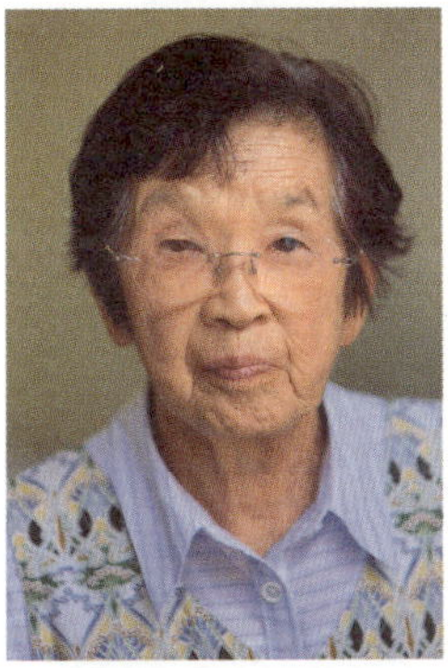

一位银色人力资源中心的成员在东京的电视塔下工作。

所决定，这种态度已经被人们广泛接受，并推动着银色人力资源中心走向成功。如果问接近退休年龄的长者会不会通过银色人力资源中心继续工作，大多数人都会毫不犹豫地回答："当然！""帮助他人就是帮助自己"的概念如今正牢固地树立在大家心中，就像朔茂女士所说："我做这份工作的主要动力是照顾好自己的身体。我每天走8公里，这让我保持活跃。而我也有兴趣保持这个区域的整洁。我为日本而自豪，我想要在保护它的美丽方面发挥作用。"

科威特年轻人对他人的承诺和服务

在科威特，石油大致占据了50%的国民生产总值，以及95%的政府收入来源。[53]政府在发展多样化经济方面几乎无所作为，石油也在渐渐耗尽。没人能确定多久以后这种情况便会发生，但是人们已经达成了共识：该做点什么了。在2012年1月，政府通过了一项经济发展计划，下定决心在5年内花费1300亿美元发展多元化经济。然而如果缺乏带领国家向前发展的积极主动、技术熟练的劳动力，以及高品质的领导力，就很难实现这一目标。科威特是一个年轻的国家：43%的人口在30岁以下。很多年轻的科威特人都感到无聊，没有动力，也没有目标。年轻人有钱，也有自由的时间，但是很多人漫无目的，缺乏职业意识，只是顺理成章地进入能保证每个公民都有工作的公共部门。超过半数的科威特居民是外国劳动者。

洛森年轻人成就中心（LoYAC，Lothan Youth Achievement Centre）在2002年创立。这刚好发生在"9·11"之后，并不是巧合。创始人是7位科威特女士，她们意识到所有的恐怖主义者都在30岁以下。她们决定在自己的领域做点什么，通过与年轻人一起工作来宣扬和平。法拉·阿尔·萨卡夫（Fareah Al Saqqaf）是令人敬畏的理事会领袖以及总经理。她意志非常坚定：

> 我们觉得我们的国家在倒退，而不是向前发展。我们变得越来越向世界封闭自己，而我们需要更加开放。我们想做点什么让年轻人有能力发现自己，能够胜任工作岗位，去寻找和平。我们想要做点能将社区服务和实习结合在一起的事情——社区服务的部分至关重要。这样做，你可以从自己延伸到他人，学习与他人建立联系。

这个非营利组织专为6~28岁的年轻人设立。它的总部在科威特，但是在约旦和黎巴嫩也有分支机构。通过与公立和私立机构达成合作，洛森年轻人成就中心为年轻人创造参与社区服务和实习的机会，并支持他们从这些机遇中得到最多的收获。“洛森年轻人成就中心知道如何帮学生为这种体验做好准备，”中东电信业一大巨头公司Zain的人力资源经理说，“他们都准备充分、拥有良好的心态。我们信赖他们。他们展现出更高水平的领导力。他们知道我们工作的价值。”

洛森年轻人成就中心是一个小国家的小组织，然而它用于解决懒散的年轻人的“沉睡问题”所采用的全面而富有创意的方法，却应该得到广泛关注。这个问题不会导致街头暴乱，却会让国家随波逐流，使国家缺少能够让自己获得和再获得技能以面对21世纪接下来的挑战的积极劳动者。洛森年轻人成就中心的愿景是让阿拉伯的青年有能力带领他们的社群走向和平和富裕。这两点是不可分割地联系在一起的。他们还需要新的价值观。

洛森年轻人成就中心的实习生夏哈德·阿尔·阿塞里在科威特的阿斯南诊所准备儿童的房间。洛森年轻人成就中心与公立和私立机构都有合作，为年轻人创造机遇。

洛森年轻人成就中心表演艺术学院的学员正在彩排，旨在通过注重艺术而培养价值观。

洛森年轻人成就中心的实习生拉赞·阿尔·胡内迪在科威特城的喜来登酒店前台工作。

发展价值：谁的责任？

遗孀联盟网络、银色人力资源中心和洛森年轻人成就中心都是在非常不同的环境中运作的非常不同的组织。他们都致力于做两件相关联的事情：发展人力资本，以及让人们能够通过新的标准和价值观为社会做贡献。这对加纳的遗孀来说意味着自我尊重，对日本的退休者来说意味着互助，对科威特的年轻人来说意味着承诺和为他人服务。这种个体需要更多地为自己以及自己的生活方式负责的理念，将三个创新案例联系在了一起。科威特优越的年轻人需要戒除他们对过分放纵的公共部门的依赖，这对加纳的遗孀来说没什么不同。辛比妈妈问那些沉浸于失去亲人的哀伤中的遗孀们："你把自己的双手和丈夫一起埋葬了吗？"以此激励她们行动起来。换句话说，帮助人们成为更加有效、更有创造力的为社会做贡献的人与建设更加公平、可持续发展、团结与和平的社会，是相辅相成的。

许多语境都在强调生活和工作多样化的重要性，本书的很多创新者对此做出了回应。带来这些改变的责任在哪里？当然，价值观是受到人们人生轨迹的多重范畴而强烈影响的：他们成长的家庭、他们从事的工作、他们所交往的朋友、他们所生活的城市，以及他们在电视里看到的内容。霍华德·加德纳指出，在某些国家，比如美国，创造力"在空气中、在马路上无所不在"。无论是在好莱坞、硅谷或是华尔街，到处都可以看到和颂扬创造力。然而在这些范畴中所流行的态度也可以带来负面影响。在加纳，如今夺走遗孀的房产和财产是违法的，然而文化的压力往往如此强大，以至于法律都不起什么作用。在科威特，朋友圈子里也可能很冷漠。社会中什么样的人才有能力改变如此根深蒂固的行为习惯和价值观呢？

有些创新者指出，教育是这些问题的根源，也是解决问题的关键所在。在国际水和环境工程研究所、卢米艾尔、南方科技大学和“大局学习”，这些机构的任务正是通过培养学生的技能、价值观和自信来塑造他们周围的世界。在人们相互的关联中，在得到回报的行为中，在期待学生追求自己的学习方式中，自食其力和敢于承担责任的价值观在所有互动中得到了强化。在改进完全不合适的标准和惯例上，这些案例充当了先锋的角色。安尼尔·古普塔认为，教育体系没能鼓励人们反省过去的错误，并为世界性的问题承担起责任。他的“学习行走”是呼吁新学习方式的一种途径，更加坚实地植根于价值观，强调承担责任的重要性。在科威特，学校在教授基础读写和计算方面做得比较合理，然而课程体系却很狭窄，并且以获得成绩为主要着眼点。没有人注重重塑经济和社会所需要的学生的参与度以及目的感。洛森年轻人成就中心则在尝试填补这一空缺。

终身学习

正规教育并不是塑造和维持价值观的唯一途径。加纳的遗孀联盟网络和日本的银色人力资源中心面对的，是已经接受完学校和大学教育的群体，或者是——就像加纳的遗孀——有可能完全没有上过学的群体。这是机构提供终身学习机遇的范例。根据联合国教科文组织终身教育学院院长阿恩·卡尔森（Arne Carlsen）博士所说，终身学习正在人与社会的教育和再教育中扮演着越来越重要的角色。在他看来，“如今没有哪个社会可以承担得起仅通过正规教育体系提供学习”。他预计，从“教育政策”变为“终身学习政策”将是未来20年最主要的转变。提倡基于价值观的终身教育是终身教育学院的战略性头等大事：所有的教育活动必须建立在和平、民主、宽容、文化间的理解和公平之上，并传递出这些原则。雅克·德洛尔（Jacques Delors）在1996年为联合国教科文组织的21世纪国际教育委员会做了《学习：内在的宝藏》（*Learning: The Treasure Within*）的报告，它依然是终身教育学院教育政策的关键标准，并且强调在相互依存的世界里创造学习社群的重要性。在学习社群中，每个人都为建立一个彼此负责、相互支持的社会做出贡献，在这样的社会中，所有人的基本权利都能得到维护。”[54]

卡尔森博士认为，政治、经济与社区领袖能够合理部署体系与激励机制，使人们得以利用这样的学习机遇。比如，韩国已成为鼓励终身学习的先锋，已经投入了相当多的资源来创建多个“终身学习城市”。韩国还开发了一个信用银行体系（CBS，Credit Bank System），对多种多样的学习体验进行鉴定。学习体验不仅来自校内，也来自校外。当一个学生获得了信用银行体系认可的学分，他就可以获得学士学位或者副学位。作为保证人们全球竞争力的更广泛策略的一部分，信用银行体系旨在提高非正规教育的标准，促进教育的自我实现。此外，在韩国以及很多其他国家，启发人们培养终身学习习惯的做法还包括引人注目的“终身学习节”。这让当地的非正规学习提供者得以和其他欢乐的艺术与文化活动一起展示他们的课程项目。

媒体是另一个可以影响价值观的关键角色。尽管在媒体讯息与社会需求之间可能经常存在差距，但媒体的能量与说服力——以及相关联的名人世界——可以被用于有益的方面。在加纳，辛比妈妈最大的价值之一在于：通过主持流行的广播和电视节目，她已经成为了某种意义上的国宝级人物。在遗孀大会上，很多人在漫长的一天活动结束后，会排一个小时的队，就为了跟她说声再见。当16:00午餐还没有送来时，她能够通过一个印着巨大的M（代表Medaase）的红色麦克风带领大家一起唱歌，让整个房间里疲惫的人们振奋起来。

这种声望和知名度极为重要。正如辛比妈妈所说，世世代代认为丧夫是一种诅咒的说法——以及丈夫去世后你不配过上好日子——是根深蒂固的。“我必须在同一个地方反反复复敲打，直到它深深印入人们的脑中为止。”因此她在电视节目上说，在广播节目里也说，在访问当地的遗孀团体时还说，在她的网站上、博客上，当然在大会上都在说。她希望可以“在女性们睡觉的时候，这些话语仍能如银铃般在耳边回响，提醒她们还有希望，她们的生活是有价值的”。

在工作中学习

很多人指出，大型的企业是社会中价值观贫瘠的地方之一——利润胜过一切。然而在有些机构，改变已经在进行当中。日出能源中心就是越来越多地建立在“混合价值观”概念之上的商业模型的一个代表。创新的领导者也开始出现，引领企业转向更加可持续的商业模式，比如世界商业可持续发展理事会打算鞭策和支持首席执行官们成为领路人。

这并不局限于发达国家的商业领袖。印孚瑟斯在员工发展方面就采用了相当具有创造性的方法。这包括对价值观的特别强调，借由“CLIFE”体现出来。CLIFE 是印孚瑟斯的价值观宣言，它不仅在企业内部尽人皆知，在全印度也赫赫有名。CLIFE代表：以顾客为中心（Customer focus）、以身作则的领导力（Leadership by example）、正直和透明（Integrity and transparency）、公平（Fairness）、杰出的执行力（Excellence in execution）。培训者会在报到日花上一整天学习CLIFE，还有一个年度竞赛旨在从员工中选出价值观的最佳体现者。关于CLIFE的对话几乎无处不在。

“关于我们的创始人有一个著名的故事。”员工赛达斯说。他指的就是印孚瑟斯的联合创始人纳拉亚那·默西。“他们在1981年创立公司的时候，需要进口一些电脑，而电脑被卡在了海关。官方把电脑扣了下来，希望通过对方行贿来放行，然而他们不得不失望了。6个月之后，他们只好让电脑清关。现在，人们知道印孚瑟斯不会行贿，因此也没人要求他们这样做。”

在印孚瑟斯的领导者看来，这些价值观对公司和印度的发展都一样意义深远。他们把企业看成社会变革的平台。他们通过“校园连接”项目，培训非印孚瑟斯员工的人使用印孚瑟斯的学习模型；“点亮”（SPARK）项目旨在提升印度农村地区孩子的理想；或者在他们的全球教育中心为当地的社群提供体面的收入和良好的工作条件。

对商业而言，拥抱正面的价值观还有另一个重要的好处：可以让人想为你工作。“我一直都想为印孚瑟斯工作。”赛达斯热忱地说。就像他的很多同事一样，激励他努力工作的，不只是为了最终得到一份薪水丰厚、备受尊敬的工作，而是由衷地为自己作为“印孚瑟斯人”而感到自豪。回到第四章里提到的丹尼尔·平克的框架，印孚瑟斯的价值观赋予了员工很强的目的感。银色人力资源中心也是如此，它的成员通常是小组工作，穿制服，充当教师、护理员、当地文化

在遗孀联盟网络的棕榈仁项目活动现场上，阿卡莫非遗孀协会的成员们正在对辛比妈妈说再见。

遗产大使和捍卫者的角色——这些工作都将惠及当地。工作可以很卑微，不过这却无关紧要——银色人力资源中心的成员都是所在社区中不可忽视且受到尊敬的人物。他们被看成是一场“社会运动”的一部分，他们自己秉持的也是这样的信念。研究显示，平均来看，银色人力资源中心的成员比非成员拥有高得多的健康和幸福水平，这让他们可以更好地为社会做贡献。建构学习和工作机遇，可以掌控人们的内在动机，但也是一把双刃剑。

有意义的学习和工作机遇与正确的价值观相组合，可以形成强有力的混合，带来积极的行为与文化的改变。就像本章所展示的，相当多的人和组织——从学校和社区领袖，到工作场所和电台——将这种广泛涉及的改变越来越多地看成是必不可少的。然而价值观每天都在深深地扎根和巩固，且并不总是具有积极的社会意义。这里所描述的创新者如何发展学习者不同的、更好的价值观，并进而将其调动起来呢？下面是一些滋养积极价值观茁壮成长的常见策略。

改变和调动价值观

以身作则

辛比妈妈用她最大的资产——她的魅力、她的影响，以及她得到的信任和尊重，来帮助加纳的遗孀改变思维方式。“我需要成为一个偶像。我不抽烟喝酒，我有良好的道德品质——我说到做到。这很重要。她们相信我。”

与之相似的是，在印孚瑟斯，CLIFE的能量不仅基于文字，也基于行动。普利特在印孚瑟斯的人力资源部工作，他自豪地讲述了一个内部客户们喜闻乐见的故事——他们是如何简化新员工来到全球教育中心时的欢迎仪式和房间分配流程的。有无数坊间传说提到了体现默西领导力的例子——他的办公室据说就像个图书馆。“他是职业道德方面最努力的明星。”一个印孚瑟斯人说。正直和透明通过校园的自我管理系统而进一步加深；公平体现于母亲可以弹性工作从而有利于家庭的政策之中；从美丽的花园，到印度最大的企业图书馆，再到家人发来的庆贺学员完成培训的信件……对杰出的承诺随处可见。这还只是冰山一角。从南方科技大学勇气可嘉的教授，到日出能源中心互相协作的员工，个人和机构正在塑造并教授学习者和雇员想要的价值观。就像南方科技大学的一位教授所说：“我们是在做实事，不是只会夸夸其谈。”

包容性

本书中很多创新案例的另一个重要原则，是包容性，以及每个人都有潜力为社会积极贡献的态度。不管是老是少，无论弱势还是穷苦，每个人都有权教书、学习和工作。在巴西的卢米艾尔学校，教工不会用“未来的领袖”或“巴西未来的医生和科学家”这样陈腐的表达来形容孩子，因为这样的语言将他们的价值推迟到了未来某个不能确定的日期，而忽视了孩子本身也蕴藏着巨大价值这一事实。对于让来自不同背景的老年人承担学习和兼职工作的银色人力资源中心这一模型来说，包容和平等的哲学理念也是非常基本的理念。在东京远郊的武藏野，78岁的上野先生——之前是富士通公司的软件专家，在教一位来自当地小镇的年轻女生信息技术课程，他从银色人力资源中心获得了一些非正式的教师培训。“哦，不，我不是为了钱来做这件事，”他笑笑，“我就是觉得，既然在我的职业生涯中已经积累了这些技能，那么我为什么不去分享呢？”

让学习者能够“观察、互动和移情”

对洛森年轻人成就中心来说，最大的挑战是，很多科威特年轻人冷漠，不够专注，并且人们对于在服务部门工作普遍持瞧不起的态度。

洛森年轻人成就中心是怎样解决这个问题的？这个机构的16个免费项目将实习、志愿者、夏季项目、领导力发展活动、戏剧和音乐的创意项目，以及事业和职业建议结合在一起。体育也被看成一个促进因素——洛森年轻人成就中心是一家AC米兰足球学院，拥有女足俱乐部。这些项目给了学习者看世界的新视角。他们把年轻人置于新的、不熟悉的环境中，让他们和不同的人在一起。这让学习经历增添了真实性和——用古普塔的术语来说——“观察、互动、强调”的机会。这对年轻人的影响是巨大的。正如洛森年轻人成就中心成员达里所说：“洛森年轻人成就中心给了我太多可以换个角度看待事物的机会。在大学中，你接受的是填鸭式教学。没有挑战，也没有责任感。我们需要一种新的学习方式。我曾在埃克森美孚实习，它与我在洛森年轻人成就中心获得的很多其他机遇一起，改变了我。”

就像古普塔教授所认为的那样，如果我们想要社会变得更好，鼓励学习者在接触世界时进行反思和移情就显得至关重要。从新的角度看问题——“对事物持不同的看法”——产生了挑战和责任感，而挑战和责任感又生成了行动。

如今，达里经营起自己的餐馆，还帮助建立了洛森年轻人成就中心的**K4K**项目（**Kuwait for Kenya**，一个在绝望的社区中弘扬志愿贡献价值的社区服务项目），这就说明了一切。

全球思考

在芬兰的“奥姆尼亚创造”，他们用一句精彩的话来形容拥有这一价值观的人：“生来就属于全球。”强调不把自己仅仅看成一个社区或一个国家的成员，而是看成世界公民。例如，尽管你住在地球另一端的另一个国家，正享受着极为正常的生活，也仍能够意识到生活在发展中国家的人们正遭受着气候变化所带来的影响。印孚瑟斯的联合创始人纳拉亚那·默西已将自己的一系列演讲写成了一本书——《更好的印度：更好的世界》（*A Better India: A Better World*）。[55] 他将印孚瑟斯看成一整幅图景的一部分，这幅图景展现了人们想要把印度打造得更好也有潜力让世界变得更好的决心。本书的很多创新案例也明确包含了相似的看法。

打造学习者的运动

改变，可以由同声相应的运动来驱动，这并不是什么新理念。穿着统一制服的银色人力资源中心的成员，以及每个夏天为民居进行能源翻新的日出能源中心团队，在很大程度上就是由为社会做好事的强烈的共同目标所驱动的。集体学习的力量被加纳的辛比妈妈十分有效地利用起来。她坚持与遗孀群体合作，而不是个人。每当来自新地方的一位女士找到她，向她讲述骇人听闻的遭遇时，辛比妈妈就让她成立一个当地的遗孀团体。之后，她会亲自访问这个群体，向她们介绍遗孀联盟网络的原则。这对于不间断的相互支持和凝聚力量至关重要——特别是当新的遗孀加入其中之时。在鼓励一位新的遗孀坚持立场、拒绝离开房屋，或帮助她前往警察局寻求帮助中，当地的遗孀群体扮演着至关重要的角色。这样简单的步骤往往可以带来深远的影响。这让整个社群都可以体会到：个人的学习是有意义的，而集体的学习可以带来集体的行动。

制造乐趣

从韩国兴高采烈的学习节，到日出能源中心暑期项目开始和结束时的派对，它们传达的信息很明确：活跃和忙碌并不一定是无聊的。恰恰相反，摩洛哥“因贾兹”项目的学生在努力工作之外，更强调他们得到的乐趣。“乐趣”是第四届年度遗孀联盟网络大会的首要主题。尽管话题可能极为严肃，偶尔还会让人非常痛苦，然而沟通方式却振奋人心、充满朝气、欢乐喜庆、能量十足。伴随着当地流行的俱乐部乐曲，还会举行舞蹈比赛。不仅仅最年轻的女性会参加，50、60、70岁的女性也会用自己的身姿引领欢庆活动，她们在走道上载歌载舞，并在旋转的一大群舞者中于某一时刻揭晓主讲人——一位受欢迎的加纳牧师。就像辛比妈妈所强调的：“你必须让它充满乐趣。”

创建促进正面价值观的结构

正如本章开头时所强调的约翰·埃尔金顿的话语，如果想要积极做贡献却得不到机会，那么这样的想法又有什么意义呢？随着越来越多的知名学府，如剑桥大学、麻省理工学院、沃顿商学院都在提供关于商业、可持续性和伦理学的有趣课程，埃尔金顿认为这只会带来挫败感，因为意气风发的毕业生热切地希望能够将自己的所学用于实践中，结果却发现自己身处一个工作世界，在这个世界里，受利益驱动的商业机构对学校教育让他们解决的问题关心甚少。然而，就像我们已经留意到的，还是有一小部分并且数量在不断增长的追求改革的商业机构，对积极的社会变革做出了承诺。比如，除了像纳拉亚那·默西这样的人，还有一位著名的、具有前瞻性的首席执行官，他就是联合利华的保罗·波尔曼（Paul Polman）。在他的领导下，这家公司最近形成了一套“环境利润和亏损财务”体系，使之成为首批将市场估值置于碳足迹（Carbon Footprint）[①]之上的公司之一。它现在正在力促其他机构也如法炮制。“这些改变可能听起来是技术性的，”埃尔金顿说，“然而事实上却是有深刻教育意义的。”商业正在变革机构的结构来推广一套不同的价值观。

南方科技大学的校长朱清时教授寻求在中国的学术机构中也做成类似的事情。在最近的一次演讲中他提到，中国的高等教育体系过分注重名利和地位，这令他感到遗憾。他认为这将以牺牲高等教育的质量为代价，因为学者会在不断地追求升职与越来越高的资金门槛中变得“脱离教学与研究的真正实质”。当他把自己的担忧与一群年轻的教职员工分享时，一位教师评价说：“朱校长，我简直不能再同意了。但是我有夫人有孩子，孩子的教育费用相当昂贵。如果不能评奖

① 碳足迹，是指企业、活动、产品或个人通过交通运输、食品生产和消费以及各类生产过程等引起的温室气体排放的集合。它描述了一个人的能源意识和行为对自然界产生的影响，号召人们从自我做起保护环境。——译者注。

和升职，我拿什么养家糊口呢？”从高层管理结构，到课程体系设计，再到根据教职员工对道德、创新和卓越的承诺进行奖励，对朱教授来说，答案存在于各个领域对改革高等教育的需要。在南方科技大学，他希望将一座学府打造成为学术正直的典范，在那里，教工和学生都因为工作的热情和投入备受鼓舞，而不是因为对证书的承诺以及其他外部的因素。

让学习者为21世纪的工作和生活做准备，不仅仅是有效匹配技能、培养问题解决者，或支持学习者创造自己的可能。尽管这些方面可以帮助人们为社会做贡献，让人们得以开创自己的道路，创建自主的权力、熟练的技能和明确的目标，却不能让学习者改进社会。这还牵涉价值观，牵涉以道德和伦理为指南，保有违反常规的勇气和挑战流行看法、标准、文化准则的勇气，并能够通过生活和工作进行终身学习，以及心存为世界上未解问题尽一份力量的动力——而不仅仅止步于了解。人们能够“学会”这些价值观和行为吗？是的，他们可以。不过不是通过教科书，或是简单的使命宣言。这不是能否通过考试的问题。他们需要去观察、感受和倾听改变的号角；他们需要碰到对的人；他们需要走路，需要歌唱；他们需要庆祝；他们需要反省；他们需要仰慕和渴望；他们需要相信自己能够达成改变。这是最广义的学习，而且可以通过一次对话、一支舞蹈、一段工作经历、一首歌、一个广播电台而实现。本书里的创新者不仅仅把自己的工作看成教育，而是看成变革。在价值观的层面上，他们正在改变社会。

技能和能力为改变提供了工具，而价值观则赋予了人们力量，引领他们向正确的方向前进。21世纪的学习必须成为所有这些元素的载体。

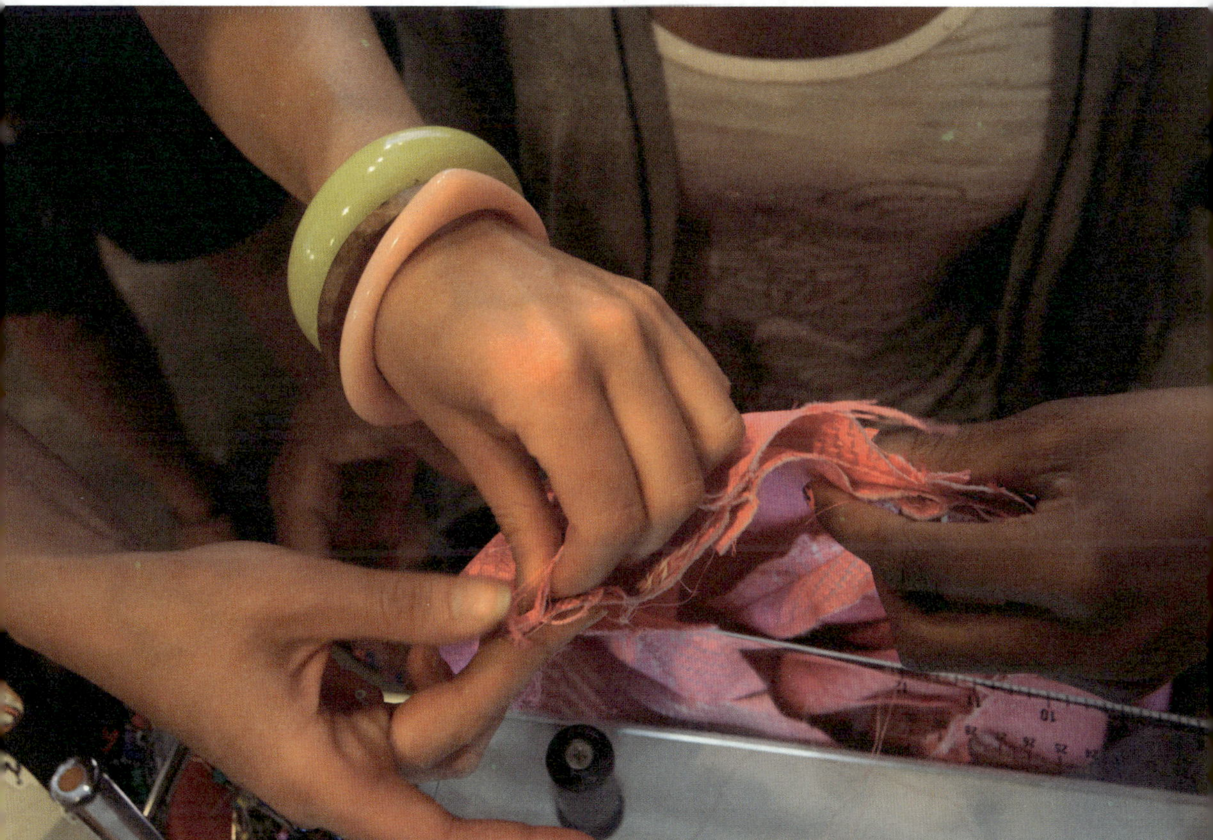

Sales
Associate

第七章　纵观全局，融合价值观与学习

当价值观和强大的学习合二为一

（在这里）我可以学到生活中的所有要素：同情、沟通、处理婚姻压力、理解我自己。这些在其他地方我都学不到。

——南蒂塔

孟加拉农村发展委员会青少年项目学生，15岁

← 孟加拉农村发展委员会的一个社会型企业“阿若旺”的销售员们。

当我们走进孟加拉农村发展委员会（BRAC）学校时受到了热烈的欢迎——穿着红色、粉色、蓝色、黄色衣服的40个孩子面带笑容，快速站起来，用自己最大的嗓门说着英语“你好”。他们不停地展示自己的技能、知识，以及对学校生活的热情。一个8岁的小组长召集小组的四五个组员表演了一段编排好的传统舞蹈，伴舞的音乐来自一首讲述真爱的歌。全年级学生一起加入名为“猜首都”的喧闹的游戏，一个人有节奏地报出国家名称，下一个人说出首都。他们长大之后想做什么？主要是想当医生。也有些人想当老师、工程师、飞行员、记者。他们都是孟加拉国最贫穷人家的孩子，居住在达卡的贫民窟。为了让孩子一天可以吃上不止一顿饭，父母们必须苦苦挣扎。他们上的是孟加拉农村发展委员会小学，在孟加拉国有34000所这样的小学，总共500万学生，因为这所学校是免费的。

孟加拉农村发展委员会小学只对无法接受正规教育的社群开放。它们在没有开设政府公办学校的地方办学。学校的课程主要是孟加拉语、英语、数学、科学和社会学——学生们将在高中乃至一生中所需要的核心技能，还不断灌输给孩子们性别平等、童婚的危险性、性健康、卫生和洁净用水的理念。如果你想当医生却疾病缠身，或者15岁就被拐卖嫁为人妇，那学习又有什么用呢？所有学科的教法都在鼓励学生提问、互动和培养学生的领导力。正如这个教育团队的一员所说：“我们鼓励他们辩论。”学生们说：“这很有趣。”男孩子和女孩子在一起上学，并且平等地学习。孟加拉农村发展委员会的孩子在标准化考试中的表现总的来说比其他上政府学校或非政府组织学校的学生要好得多。

在距离孟加拉国达卡市33公里的曼尼康吉，孟加拉农村发展委员会一所小学的学生们在上课。

在曼尼康吉，参加小额信贷会议的女性在开会。她们在这里还分期贷款、交换新闻信息、关注当地事件。

在多数的乡村，只有在一个小额信贷项目已经在老一辈人中间打下了一定的学习基础之后，孟加拉农村发展委员会学校才会创立。委员会的员工经常把他们在这一领域的工作称为是“小额信贷加强版”。当然，这也为无法在私营机构获得贷款的个人提供了小额贷款。通常来说，从买一头奶牛来生产和出售牛奶，到做茶叶、纱丽或蛋糕的小买卖，都是为了获得收入。它以培训为基础，同时教授人们如何理财、管理账户，以及如何签名、拥有正式的身份。

还有另一种学习可以让小额信贷的受益人维持生计，并给他们的孩子一个不一样的未来。在达卡市附近加济布尔县路边的一个小村庄，一群女子围坐成一圈在吟唱。她们在反复吟诵着小额信贷项目的“18条宣言”。有些宣言就像你想的那样——承诺定期支付贷款，并开始存钱以备不时之需。其他的都是更常规的一些条款——让孩子去上学，让家人喝水前把水烧开，以及承诺男女平等。芙泊丽在介绍高大健壮的儿子、讲起自己的成就时，容光焕发、充满自豪。她贷款买了块地种植大米，其中一部分家里在孟加拉国曼尼康吉的阿伊莎·阿贝德基金会，人们正在印染布料。这个基金会是孟加拉农村发展委员会的项目，雇佣了65000名工作人员，其中85%是女性。

吃，一部分卖掉赚钱。“原来我在砖厂工作，我的女儿在服装厂。如今我儿子已经12年级毕业了，我们希望他能上大学。我最小的女儿也上3年级了。”她的收入改观了，地位也改善了。作为家里主要收入来源的承担者，她找回了自信和自我的价值。“原来我丈夫总是打我，现在他不打了。”

因此，这两个项目相得益彰，尤其在精神层面：小额信贷可以帮助家庭获取稳定的收入来源，这样孩子就不需要工作，每个人也能够吃饱；也让家长——多数是母亲——体会到送孩子去上学的价值。

在同一整体的两个元素当中，学习技能和价值观相互交织。年轻人正在获得他们所需要的知识、工具和自信，以便在今天和未来找到并维系自己的工作——他们在学习去挑战，去质疑，去解决问题。这些原理从第三章和第四章就可以看出来：学习是合作性的，与现实世界的挑战紧密相连，由学习者自己主导。同时，学生、学生的家庭和社群又在学习新的价值观。他们开始相信他们可以为自己做出改变，相信教育的重要性，相信男女平等。

在孟加拉农村发展委员会大学，价值观和创造可能携手并进。委员会大学在2001年成立，是为了填补领导者认为的空白——大学并没有让年轻人具备重塑和重建自己的国家所需要的公民素养以及创造力和实际应用的能力。

孟加拉农村发展委员会大学的所有课程都是英文的—— 一个人在全球层面上立足的基本要求。这所大学最与众不同之处，就在于要求所有学生离开达卡，外驻一学期。主课有三门：孟加拉国研究、文化与伦理、英语。在这个学期当中，学校会引导学生为自己国家的历史而骄傲，并且从同胞那里获得心理上的共鸣。在“社会实验室日”，所有的学生与老师角色互换，从保安到厨师，从保洁工到园丁，由学生来管理学校。每个学生都用几天时间实地考察委员会诸多扶贫项目之一，体验人民的生活。他们的反馈非常明确：“我们为什么不能把课堂搬到这里？……时间实在太短了。”大学的助理副校长也这么说：“我们在打造孟加拉国的未来领袖。”

上课的时候，委员会使用与国际水和环境工程研究所、卢米艾尔、“大局学习”等学校相近的教学方法：发散式的、基于项目式的、基于团队式的学习。教师对这些学习模式的个人体验和理解被看得非常重要，与学生摆在了同等地位。他们是传播这些价值观和实际做法的人，因此他们需要去感受。

至于结果，孟加拉农村发展委员会大学的助理副校长说，培养出了“有能力、追求道德伦理、有责任心的公民”。

或许最引人注目之处在于：作为一个组织，在鼓励成员不断学习（无论他们是5岁、20岁，还是50岁）的同时，委员会也在自觉地学习。在和委员会的教育团队热烈的讨论中，他们试图确立自己学习和工作的原则：

> 我们有共同的愿望，想要在一起生活得更好。
> 人都是慷慨的——总是互相给出好的建议。
> 有一种“深度倾听”的文化。
> 我们不会犹豫——如果需要讨论什么和完成什么，我们立马就去做。

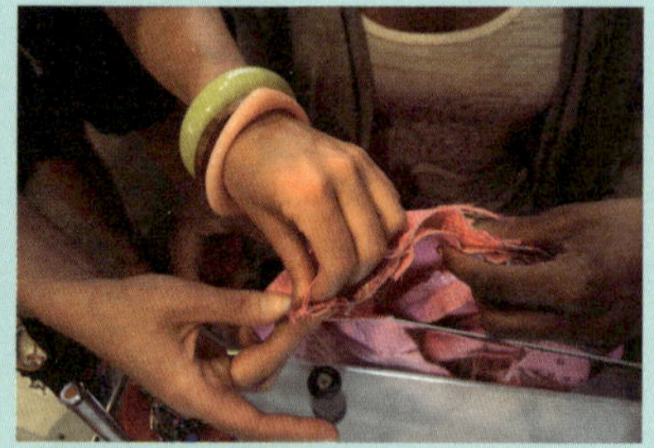

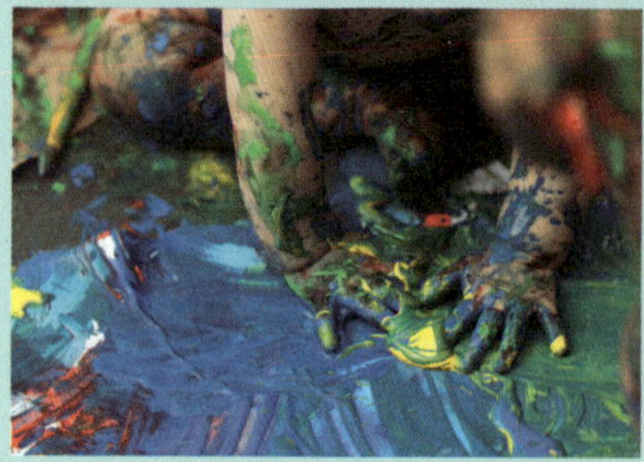

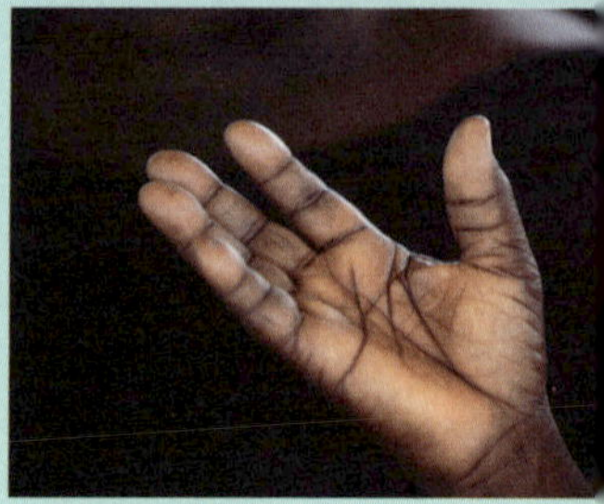

我们总是在互相挑战对方。

我们觉得自己属于这里——我们都想为建设更好的孟加拉国做贡献。

我们会抓住失败来找出没有成功的原因。

我们已经把不断超越、抓住机会的渴望融入了自我当中。我们都想做出改变。我们觉得我们必须利用这里的空间来达成目标。

我们从不放弃。

这些是贯穿于孟加拉农村发展委员会无数项目——由6万孟加拉国的员工支撑，惠及数百万的孟加拉人——背后的理念。在这里，发展技能、回应复杂问题与创造可能相互交织。就像遗孀联盟网络、洛森年轻人成就中心和银色人力资源中心一样，正是这家机构的价值观调动起它强有力的工作。

第八章　学以致用

迫在眉睫，切实可行

永远别慢下来，永远别停止创新。

——法兹勒·哈桑·阿贝德爵士
孟加拉农村发展委员会创始人、主席
2011年WISE首届个人／团体教育奖获得者

我的使命是带来变化，而且迫在眉睫。

——穆罕默德·阿巴德·安达鲁西
“吉斯尔”／“因贾兹—马格里布”创始人

■ 一位遗孀和她的孩子在加纳阿克拉的第四届全国遗孀联盟大会上。超过2000位遗孀出席了大会。

洛森年轻人成就中心是由7位科威特女士为了回应“9·11”而创立的；“大局学习”是由两位愤怒的教育者在美国创建的；卢米艾尔学校是由一位百万富翁商业领袖因为不能为公司招聘到合适技能和工作态度的毕业生而在巴西创建的。从国际学生评估项目成绩位于世界教育体系顶尖水平的芬兰，到20世纪70年代基础设施惨遭蹂躏的孟加拉国，本书中所撰写的多样化的创新者与多样化的创新背景相匹配。最重要的是，这些创新者与学习者合作的规模相差很大：从几百人的团队到百万级别；支持4~95岁的人们学以致用。

这种多样性是非常重要的发现，对于加纳的遗孀联盟网络和旧金山的非营利组织之间出现的惊人相似来说至关重要，就其本身而言也是如此。这一领域的领袖出现在各个地方：在不同的部门，有不同的年龄，以不同的速度。

本章将从相似点与不同点这两个视角，为最大的挑战找到思路：如何才能让这些创新原理和实践成为主流，让每个人都能够“学以致用”呢？引人入胜的故事、实践乃至完全成熟的学习模式固然妙趣横生，然而我们如何才能扩大创新，创造更多这样的案例，让现有的教育院校都能够加入进来？

案例间的共同点赋予我们强有力的洞见，让我们明白如何发展现有的创新模式并创造更多创新案例。它们告诉我们如何匹配和更新技能，如何学习和形成解决办法、创造可能；告诉我们谁有可能带动创新，以及需要用什么来发展这样的创新才能触及将从中受益的人。

对于“学以致用”如何成为主流，案例间的区别则提供了一些见解——创新者所采用的不同途径，以及他们工作的不同背景，为我们展示了各地教育体系被改变的可能性路途。

相似点：如何学以致用

图1从全书的见解当中提炼出人们是如何学以致用的。在尼日利亚提升忙碌的农民的技能、中国培养世界级科学家、尼加拉瓜培养企业家的案例中，这些原则都很常见。这个模型可以体现出四个要点。

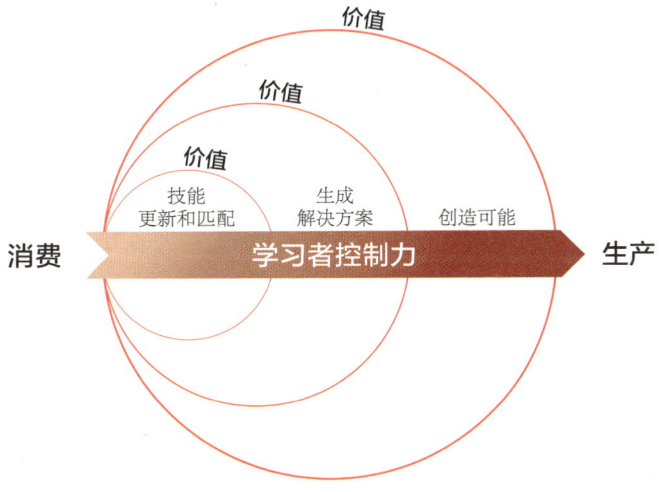

图1：从知识的消费到为更好的世界而生产

第一，控制力的角色。控制力完全是关于我们掌控生活的能力——对我们认为重要的事情能够看见、理解并做出行动，对塑造自己的未来和所生活的社会感到自信。技能更新和匹配、为复杂问题生成解决方案、创造可能，都要求不同层面的学习者的控制力——他们产生不同层面的控制力。

获得相关联的、与时俱进的技能基础，需要积极的学习者全身心投入，来打造纯熟的技艺以及与他人互动的能力。他们必须抓住机遇、主动争取。正如约旦职业教育基金会的艾哈迈德，有机会真正做点有用的事情，这样可以建立自信，可以培养他的责任感。现在他选择与他人分享自己的知识。他已成为一个活跃的改变者，既改变了自己，也改变了他人的生活。

生成问题解决方案，要求具有灵活性、创造性与协作能力。在新的形势下应用知识和技能，需要具有思想和行动的独立性。和日出能源中心的其他年轻人一样，迪朗达被赋予了空间和责任感通过实战演练来锻炼问题解决能力。这样做坚定了她的内在使命感和做出改变的决心。

创造可能，要求人们能进行独立的思考和行动，并用全新的视角看世界，从而发现最重要的挑战和机遇。它需要人们有处理这些问题的勇气和能量，并说服他人给予帮助。来自“吉斯尔校企合作”/“因贾兹—马格里布”的吉海恩成立了自己的公司，她说：“我发现我做得越多，我的能力越强。”力量的累积源源不断。

所有这些“学以致用”的要素，较之多数传统的学习形式，都要求更高水平的控制力和责任感——这将有助于塑造新世界的公民。

第二，学习原理互为基础。图1也显示了对掌握相关技能至关重要的学习方式，同时也是生成问题解决方案的基础。创造可能，需要构成另外两大要素基础的学习原理。真实世界的情境对培养有能力的印度软件工程师、帮助巴西的年轻人解决问题、支持年轻的摩洛哥人创业，都具有同等重要的意义。我们这一模型中的三大要素互为基础。区别在于侧重点和学习的意图：重心、理想和机遇，而不在于人们如何学习。

对于学术学习和职业学习，这张图并没有什么区别。这两个类别是相互重叠的。

第三，在我们从学习技能到解决问题，再到创造可能的过程中，**这一模型反映了从“消费”到“生产”的波动**。

有些经济学家认为新兴经济的主要特点之一是消费和生产之间的界限模糊了许多。那么并非偶然的是，学习旨在帮助人们做好准备去面对世界并塑造世界——也在帮助人们去填补工作的空缺，创造和重新定义工作。

第四，普遍注重价值观。在这些创新者看来，学习并不是工具，它在塑造社会的过程中发挥作用。价值观、课程体系与学习方法一样重要。

相似点：谁

矛盾的是，本书中其他显著的相似点来自最大的反差——“加纳的奥普拉”[①]与中国教授会有什么共同点？答案在于能量、洞察力，及其持有的决心。

本书里写到的创新者形形色色，然而每一个都有自己的“超能力”。全球范围内的危机和障碍将他们聚集起来，共同的事业将他们联合在一起，尽管他们自己还不清楚这一点。

他们的开端几乎总是相同的，即个人对无法忽视的社会危机的回应。“大局学习”的丹尼斯·立特基和埃利奥特·沃舍尔谈道，来自最弱势背景的年轻人凄惨地败在美国的教育体系之下，这令他们感到愤怒，并且无法再对此避而不谈。马库斯·费希尔认为，尼加拉瓜乡村的年轻人应被赋予打破贫困的恶性循环的机会，于是下决心为此尽一份力量。关于如何将热情转化为影响力，他们传递给胸怀理想的创新者的信息包括以下要素：

他们的方法**建立在自己的优势和见解的基础上**。辛比妈妈明白自己最重要的财富就是自己的公众形象——人们对她的信任和尊重。她将此发挥到极致，去

① 奥普拉·温弗莉（Oprah Winfrey），美国著名脱口秀主持人、制片人、传媒大亨、慈善家，她凭借一流的口才和睿智的头脑赢得了无数观众的赞誉和追捧。这里指加纳遗孀联盟网络的创始人辛比妈妈。——译者注。

做她认为重要的事。所有创新者都是顺应了自我及其所观察到的重要之事。

这些创新者也都**践行着他们的理念**。孟加拉农村发展委员会的主席和创始人法兹勒·哈桑·阿贝德（Fazle Hasan Abed）爵士是WISE个人／团体教育奖的首位获得者，他坚持让大家像对待普通同事那样称他为“兄弟”。如同在医学、科学、文学、人权领域的其他全球奖项一样，WISE个人／团体教育奖是主要表彰世界杰出教育贡献的奖项。法兹勒爵士在员工食堂吃简单便宜的午餐，这正是孟加拉农村发展委员会对所有职工与客户、成员的要求——平等而尊重。

每一位创新者**对某个地方都怀有无与伦比的自豪**，怀有自己作为尼日利亚人、日本人或美国人应有的信念。他们都从中获得力量，并以此作为指引。“我想要为建立一个更好的印度尽力。”纳拉亚那·默西说。“我想要为推动非洲的发展出力。”国际水和环境工程研究所的理事长保罗·基尼斯说。

他们都**极其看中对杰出和实证的承诺**。孟加拉农村发展委员会总是广泛参考能够启迪其工作的思想家的见解和研究；南方科技大学从世界各地招聘了在自身领域内顶尖的教授；约旦职业教育基金会在质量监督方面非常严格、认真；“大局学习”密切关注学生学习成果的数据并从中学习。

最后一点，只要有可能，他们都**如饥似渴地协作和学习**。这并不是在为某种方法布道，而是围绕价值观和中心思想的内核，寻找搭档来共同面对挑战，建立和发展创新。

UNIVERSITY
UNIVERSITY
UNIVERSITY

孟加拉农村发展委员会创始人、2011年WISE首届个人／团体教育奖获得者法兹勒·哈桑·阿贝德爵士和位于孟加拉国达卡市科瑞尔贫民区的孟加拉农村发展委员会小学的学生在一起。

相似点：发展创新需要什么

作为规模创新的全球领袖，孟加拉农村发展委员会从本书的案例中脱颖而出。它是世界上最大型的非政府组织，年度营业额大约6.5亿美元，在全世界覆盖超过1.1亿人，雇佣了12万员工，光在孟加拉国就运营了34000所小学，如今遍布超过10个国家。

孟加拉农村发展委员会的创始人法兹勒·哈桑·阿贝德以其流行语而闻名："小即是美……而大则是必需的。"追溯至20世纪70年代的孟加拉国，便可以理解这种对扩大规模的渴望。国家那时正濒临崩溃，1974年约28000人死于洪涝灾害，大多数人都在挨饿，人均寿命只有42岁。[56]为了在人口约1.5亿的国家产生真正的影响力，法兹勒·哈桑·阿贝德明白他必须影响到数百万人的生活才行。

在孟加拉农村发展委员会，发展创新至少有两层含义，既有深度上的，又有广度上的。深度指的是通过某一种创新最大限度地覆盖受益人——他们备受赞誉的小学覆盖了国家最穷困的500万儿童，而在标准化考试中取得了比平均水平高得多的成绩。除非每个能从这种干预中受益的人都得到帮助，否则他们就不会停下脚步。

广度指的是识别和回应新的、不同的需求。这是指既然小学的覆盖面在不断扩大，那么就开设中学。就像小农农村广播的纳伊米卡所说的那样，在哪里发现了明显的需求，你就知道自己该做些什么。

在创新的学习原理和特色方面，孟加拉农村发展委员会与尼加拉瓜、中国、科威特规模小一些的同行机构一样，透露出相似的讯息。

从大处着眼，从小处着手。在深度和广度上进行规模发展，其核心完全是出于想要做大事的雄心壮志、视野和决心。法兹勒·哈桑·阿贝德不是唯一一个有这样思想的人。辛比妈妈能够看到需求并计划在整个非洲帮助各地的遗孀们；国际水和环境工程研究所正在致力于开发整片非洲大陆，因此他们正在激发一个潜在的竞争者市场，以助其一臂之力；奥姆尼亚着眼于改变整个芬兰的教师职业教育和培训。所有这些创新者也许只能从小规模开始，然而他们从第一天起就志存高远。

这些创新者都认同“从大处着眼”需要从“从小处着手”——并且在扩大规模前要严格测试新途径。南方科技大学想要转型中国的经济，却从45位学生开始进行严格的测试，他们很清楚这种学习模式，而“奥姆尼亚创造”则从一个项目入手，开始形成学习新方式的模型。

基础设施将“从小处着手”和“从大处着眼”连接起来。无论是10个用户还是成千上万个用户，增长都需要后台管理系统和工具来支持。对于小农农村广播来说，这意味着一台发射器需要从一开始就覆盖百万计的农民；对约旦职业教育基金会来说，这意味着就算和小规模的年轻人群体一起工作，也要在约旦全国商业代表中树立好口碑。

跟随需求。理解人们的生活就可以在出乎意料之处展现需求。“大局学习”对学校体系的转变，揭示出社会对新型高等教育的需求，因此他们创建了“大学无界限”；南方科技大学知道该从哪里起步——需求非常明显——也同样清楚其走向还并不明晰。他们都承诺走这条路，因为目标是正确的。就算和他们一开始所设想的不一样，他们也都会“在必要时采取行动”。

从本地扩展规模，招募热情洋溢的人。从本地扩展规模让扩大规模有了可能。例如“成长领域”改变加利福尼亚州已有的社区大学，卢米艾尔利用当地的专家帮助儿童进行学习，或者是小农农村广播让社区成员做播音员。它们都在寻找已有的人和事物，并以之为基础，创建项目。同样，创新者特别依赖自己的团队，去大规模地大胆解决当地的敏感问题。他们招募热情洋溢、专业、敢于挑战的人加入团队，这些人奔着共同的目标而来，而非金钱。对于孟加拉农村发展委员会的关键职位来说，主席自己看起来就是最好的人选。他自己争取到了担任常务理事和执行理事的职务。很多人已经在这里工作了几十年了。日出能源中心经常从之前的参加者当中招聘。规模依靠的是信任和决心，因此找到对的人来工作最关键。

全球思考。“大局学习”不仅在美国运营着52所学校，还在其他大洲洽谈拓展事宜。丹尼斯·立特基和埃利奥特·沃舍尔在国外与认同他们理念的体系一起共事。他们因为共同的挑战得到支持，而不是因为地域；孟加拉农村发展委员会在世界上的10个国家运营；国际水和环境工程研究所与遍布全非洲的大学均有合作；印孚瑟斯在全球提供培训项目。全球思考就是感受到责任，并看到社群的相关需求，而不仅仅是国家。

警惕供应和需求。发展创新需要承担起责任。拥有大规模的学习者可能就意味着需要帮助他们创建需求。孟加拉农村发展委员会的小额信贷项目支持农民学习更好的农耕方式、购买奶牛，这导致了农村地区牛奶供大于求，让农民再次陷入困境；然而在其他地方却供不应求——城市地区很少有人有自己的奶牛。因此，委员会创立了一家社会型企业，帮助农民将牛奶安全地运送至需要的地区。牛奶厂每年可以加工2920万升牛奶，并计划大规模扩张，以应对当地奶农数量的进一步增加。

发展经济谋略与弹性。经济弹性对于维持大规模的工作至关重要，它需要多样化的组合和谋略。孟加拉农村发展委员会如今是一家可以70%自给自足的机构，它旗下的16家社会型企业——从牛奶厂到培训和雇佣农民的人工育种公司——每年收入4.21亿美元；国际水和环境工程研究所与私营企业的合作及其子公司也从事类似的事情；巴士底技术农业学校的“生态小屋”和其他企业让这所学校到目前为止可以达到60%的自给自足，计划还会进一步扩展；“大局学习”的企业正在（比如“学者奖学金”项目）回馈学校，不过也在不断地寻找新的资源，让他们所倡导的创业精神得以传播出去。

不同点

寻找相似点为的是向本书的创新案例与创新者直接学习，然而这些共性很容易误导人们。本书着手于寻找杰出的创新举措，并收获颇丰。大多数案例都是社会型企业，这是不是意味着，为了达到学以致用的准则，世界真正需要的只是更多如辛比妈妈、马雅达·阿布－杰比和朱教授这样的社会型企业家？

光是从本书中创新案例与创新者的多样性就可以看出来，不是这样的。这些差异告诉我们，创新能够也的确来自任何有见解、有热情、有决心和行动空间的地方。不管所处环境如何，社会型企业家通常都是最勇敢、最大胆地“创造可能”的人。可能公务员和传统商业更容易受到规则、目标和日常工作的制约，因此往往社会型企业走在最前沿就不足为奇了。但是这也表明其他形式仍有待释放，因此真正的问题在于，如何让更多的社会型企业家和其他人获得探索和引领的空间。

政府的现有角色

纵观全书，有很多例子都是政府创造环境让创新得以繁荣发展——有些是有意识的，有些不是。在一端，像孟加拉农村发展委员会、小农农村广播、约旦职业教育基金会这样的项目干脆是在回应政府的失策。在孟加拉农村发展委员会刚起步的时候，孟加拉国的政府没有解决贫困问题的资源，委员会填补了缺口。同理，对于缺少资源的尼日利亚农民和失业的约旦年轻人来说也是如此。创新者可以出现在任何地方，因为他们面对的是一个巨大的缺口和较低的准入门槛。政府没什么能量和资源来管理新生机构，他们无能为力。正是这些新成员在完全定义创新的空间。

居于中间位置的，是一些像国际水和环境工程研究所、“大局学习”、日出能源中心这样的创新机构。在这些案例中，政府通过提供资金和设立最低标准参与其中。政府资助了国际水和环境工程研究所以及“大局学习”，以支持他们对国家教育政策的贡献。因为杰出的成绩，他们为自己争取到了自由，可以按照自己认为合适的方式运作。他们努力创造出了另辟蹊径的空间。

而在与孟加拉农村发展委员会和约旦职业教育基金会相反的另一端，是芬兰的奥姆尼亚和日本的银色人力资源中心。在芬兰，是政府自身对教育成果的渴望——为年轻人和更年长的工作人员提供公平的机遇——推动了奥姆尼亚的创新；在日本，是政府对一触即发的人口危机的回应——想要最大化发挥人力资本的愿望——使银色人力资源中心应运而生。在这一端，政府是在积极地塑造创新的空间。

成功扩大创新规模与测试创新一样，都是正确的。孟加拉农村发展委员会在其所划定的区域中大规模发展（为最贫困的孩子开设了34000所小学），在这些区域中政府并没有作为；国际水和环境工程研究所将扩展到全非洲作为自己的目标，因此它与任何持相同愿望与价值观的政府或机构展开合作，以实现目标；奥姆尼亚正在投标并赢得政府的合约，从而推广自己的经验。

在所有这些案例中，创新者在政府的优先任务、政策和标准框架下进行工作。他们都在高低不同的平台上运作。区别在于，有些平台的踏板比其他的弹性更好。芬兰政府想要助奥姆尼亚一臂之力，帮助其彻底地扩大影响；布基纳法索的政府让国际水和环境工程研究所得以运营，但却不一定扩大其影响力；尼日利亚的政府不了解也不关心小农农村广播，因此广播虽然可以自由运作，却需要依赖国际组织的支持才能扩大规模。

这可能让人极为沮丧。正如来自“吉斯尔校企合作”/“因贾兹—马格里布”的穆罕默德·安达鲁西所说：“我的使命是带来变化，而且迫在眉睫。我知道我们可以更快地扩展出去。如果与政府对半合作，我们就可以特许经营——然而重点需要放在品质上，而不仅仅是数字上。它必须成为课程体系的一部分，而不是附加的课外活动。”

倡导创新的政府

因此，无论有意识与否，政府创建平台可以繁荣创新，也可以抑制创新。在所有的环境中，创新者都在竭尽所能，然而在很多情况下，只有最有胆识、最受个人热情驱动的人才能做到，并且过程可能很漫长。搭建积极激发各地创新的平台，政府需要付出哪些努力？怎样才能够支持创新繁荣发展，并且稳步地将影响最大化？

使命感

必须将生成使命感作为开端。对于本书里的创新者来说，使命的推动力往往是偶然发生的——辛比妈妈收到听众的短信，或身处后“9·11”时期约旦的法拉·阿尔·萨卡夫。伟大的事情总是依赖于对的人处于对的地方和时间。这当然无法保证。这些人中的大多数都在用生命去追求自己的使命，这不能成为系统性、全球性的学习革命的秘诀。

阿鲁巴·阿尔·欧是洛森年轻人成就中心的一位受益者。

1一 曼尼康吉小额信贷项目的贷款者。孟加拉农村发展委员会的小额信贷项目是全世界最大的。

本书出现的观点以及奉行的使命在于：仅仅让公民接受教育和培训是不够的。为了塑造一个瞬息万变的世界，我们需要学习匹配和更新的技能、发展生成解决方案的能力，并建构创造可能的能力。这些需求的基础是着重强调控制力和价值观的发展。

并且这迫在眉睫。它不应该是结构性或调整性改革的一个案例，而应该是在所有层面上对变革转型的呼吁。

这对于发达经济体和其他地方来说都是一样的。日本企业家三木谷浩史谈到其国家“舒适的下滑”[57]，旧的商业准则和学习方式已经过时，然而却缺少改变的动机。大多数人生活得很舒适，只关注短期的未来。日本一直位于全球生产力最强的经济体之列，许多西欧的经济体也是这样。而布基纳法索的国际水和环境工程研究所以及尼加拉瓜却不是这样。在那里，新的增长来源和经济价值就是生命线，而不仅仅是一个有意思的发展方向；在那里能感受到一种紧迫感，而不仅仅是纸上谈兵。然而在未来的10年内，转变全球经济对所有人来说都迫在眉睫，所有的经济体都需要形成新的、“感受得到的”使命感去推动变革。

当然，这种新的使命将解放潜在的社会型企业家，然而它也应当激励教师、商业人士、政客和其他人都参与进来。广泛的参与至关重要，而不仅仅因为它储备了更多的人才和资源。就像第六章所强调的那样，学以致用关乎技能和知识，也同样关乎价值观。价值观来自我们周围的一切——因此这必须成为一种共同的努力、一场整体的文化转型，让所有的群体为塑造我们的社会出力。

与新的参加者合作

共同的使命要求我们必须真正向新的参与者和新的合作敞开怀抱。政府不能唱独角戏。

中东和北非的政府对年轻人们的抗议运动感到震惊。他们已经因为年轻人所面对问题的复杂程度而觉醒，他们也意识到即便充分了解了这些问题，也不能采取垄断的方式来解决。这为一些组织调动能源、建立专注于创新这一关键特征的新合作创造了空间。西拉科技（Silatech）就是一家这样的组织。这是一家由谢赫·莫扎·宾特·纳赛尔殿下在卡塔尔创立的公司，在整个中东和北非地区与众多合作伙伴以及同盟一起自由运作，创造新的项目。“看得到的裂缝已经出现超过10年了，”西拉科技的首席执行官塔里克·尤瑟夫（Tariq Yousef）博士说，“我们对年轻人及其未来的整体思路需要改变。他们在进入成年期的转型中没有得到有效的支持，很多问题都来自年轻人缺少就业的能力。然而这只是问题的一部分。现在的挑战是，在期望值被提升的环境下如何工作。”

尤瑟夫博士因此这样总结：“我们做的所有事情都需要有创新的特色，而这必须应用到两个领域中来：首先是政策和政策制定。这是现在就需要的。并且我们需要在各国政府、商业、社会型企业、志同道合的个人之间建立新的合作。我们还必须进行区域性的思考和行动。合作过程本身就必须创新。”

政府激励

为了让这样的合作发生，政府可能也需要创建激励机制。如果这三大底线

（民众、地球、利润）对未来的经济最为根本——也应贯穿于学习的始终——那么衡量一个国家进程的三大底线是什么？很多人会说是诸如幸福感、社会流动性这些能够反映经济增长的种种指标。从标准化考试到文凭的本质，再到职业资质，在一个层面之下，存在着用新的学习方法全面衡量成功的大问题。

政府作为中间人

政府能够进一步搭建的平台，是充当横向的中间人的角色——将创新者与能够补充和支持他们工作的其他人联系起来。本书里没有哪一个创新者是独立工作的。那是不可能的。学以致用是塑造整个社会，为社会做奉献，这在不同领域的交汇处才能发生。万事达卡基金会的总裁和首席执行官瑞塔·罗伊（Reeta Roy）是这样阐释的：

> 这个领域的参与者正在发生变化。这不仅仅关于政府和教育机构，也关于员工、非政府组织、个人创新者和创业家。年轻人和他们的社群是最为重要的，他们需要始终居于创新项目设计的中心。如果我们利用这些，并且让所有参与者都能真正倾听，那么设计的过程就会鲜活起来，并获得更好的结果。

万事达卡不是唯一抱有这样想法的公司。从美孚石油到联合利华，到印孚瑟斯，再到乐高，都在建立多领域的合作来帮助塑造未来的学习者。

提供资金

最后，谁来提供资金？学以致用不仅仅关于学校，甚至不仅仅关于所有阶段、所有年龄段的正规教育，还关于所有在家里发生的学习，关于工作时听广播，或是下载可汗学院的视频。它将在社会的所有层面发生，贯穿于我们的生活。“从托儿所直到世界顶级首席执行官和政治领袖所处的阶层。”约翰·埃尔金顿说。就算是最富有的政府也不能提供全部资助。谁把什么钱用在哪里，才算用在了刀刃上？

无法想象这种终身学习在没有综合资金帮助的情况下如何系统性地扩大规模。每个人都起作用，每个人都从中受益，每个人都贡献资金。罗宾·默里（Robin Murray）将这样的空间描述为社会经济[58]——一个由政府、市场、非营利机构和家庭一起创造新型价值的区域。这在本书的许多创新案例中已经显现出来了。日出能源中心的运作由来自私营公司、政府、家庭和社会型企业的资金共同资助；学生个人、跨国公司、社会型企业和政府让国际水和环境工程研究所的工作成为可能。他们都从中受益。

呼吁行动

这些合作和平台的具体形态在不同的地区会有不同的面貌。不同的政府和社会拥有的资源千差万别，基础设施也不相同。然而无论社会多富有，政府能做的最糟糕的事情就是试图完全占有它。学以致用不能被命令或“传递”——必须被广泛拥有和塑造。

这并不是说政府就没有作用。我们谈论的是一场关于学习的主要的文化变革：它打破了职业与学术之间的界限，帮助学习者为参与社会做准备，并给予他们塑造社会的力量。政府独自推动这样的转型是不可能的，不过他们在创造其发生的条件方面至关重要。这可能看起来充满风险，然而原地踏步的风险更大。

我们认为，政府可以搭建平台，引领一场面向新型学习的运动，并鼓励任何领域的领导者都参与进来。他们可以利用测量杠杆和责任机制来激励新的行为，将机构和个人连接起来。最后，他们可以将资金从支持旧的学习方式转为投向新的学习方式，为其他人指明方向。

这不是理论上的愿望清单，而是对改变的迫切呼唤。学以致用不是课程体系的补充，并不从属于学术学习。学术教育也是过程中的一部分，并会因此被改变。如果学以致用可以得到应有的关注，它也可以成为改革的有力动力。我们应当高调坚持这一变革性的力量。

世界在改变，学习也必须改变。

注 释

[1] *In Their Hands*.Hannah Beech. Time Magazine China Report. June 2012

[2] *In Their Hands*.Hannah Beech. Time Magazine China Report. June 2012

[3] *Defining the Knowledge Economy: Knowledge Economy Programme Report*. July 2006. Ian Brinkley. The Work Foundation

[4] *The World at Work:Jobs, Pay and Skills for 3.5 billion People*. June 2012. Richard Dobbs, Anu Madgavkar, Dominic Barton, Eric Labaye, James Manyika, Charles Roxburgh, Susan Lund, Siddarth Madhav. McKinsey Global Institute

[5] bsr. london.edu/lbsarticle/581/index.html

[6] Gartner Press Release, 2012. *Gartner Newsroom Web Portal*. Available at: www. gartner.com/it/page.jsp?id=1416513

[7] *Defining the Knowledge Economy: Knowledge Economy Programme Report*. July 2006. Ian Brinkley. The Work Foundation

[8] *Greening Jobs and Skills: Labour Market Implications of Addressing Climate Change*. 2010. Cristina MartinezFernandez, Carlos Hinojosa, Gabriela Miranda. OECD

[9] *Greening Jobs and Skills: Labour Market Implications of Addressing Climate Change*. 2010. Cristina MartinezFernandez, Carlos Hinojosa, Gabriela Miranda. OECD

[10] *Greening Jobs and Skills: Labour Market Implications of Addressing Climate Change*. 2010. Cristina MartinezFernandez, Carlos Hinojosa, Gabriela Miranda. OECD

[11] *Global Employment Trends for Youth 2012*. May 2012. International Labor Office

[12] *The Jobless Young: Left Behind*. September 2011. The Economist

[13] US Department of Labour Employment Situation Summary, 2012. *Bureau of Labour Statistics web portal*.www.bls.gov/news.release/empsit.nr0.htm

[14] economywatch.nbcnews.com/_news/2012/08/02/13070977-temp-jobs-becomea-permanent-way-of-life-forsome?lite

[15] *Youth in the Balance*. David E Bloom. Finance & Development, March 2012,Vol. 49, No. 1

[16] United Nations Population Fund article on Population Ageing. Available at www.unfpa.org/pds/ageing.html

[17] *Ageing Workforce: 2006 Report Asia Pacific*. 2006. Watson Wyatt

[18] *2012 Talent Shortage Survey Research Results*. 2012.Manpower Group

[19] *Is this the Bursting of the Education Bubble*? May 2012. Rupert Cornwell. The Independent Comment

[20] Executive Summary of Interview with John May, World Bank Demographer, 2008. *World Bank Website Africa Pages*.web.worldbank.org/WBSITE/EXTERNAL/COUNTRIES/AFRICAEXT/0,,contentMDK:21709116~pagePK:146736~piPK:226340~theSitePK:258644,00.html

[21] Progress on Drinking Water and Sanitation: 2012 Update. 2012. UNICEF

[22] 2iE 'Achievements and Perspectives' presentation,March 2012

[23] Burkina Faso at a Glance. *World Bank Burkina Faso Data and Statistics Web Page*

devdata. worldbank.org/AAG/bfa_aag.pdf>

[24] Statistical Telecommunications Highlights, 2012. *International Telecommunications Union Statistics Webpage* www.itu.int/ITU-D/ict/statistics/material/pdf/2011%20Statistical%20highlights_June_2012.pdf

[25] *Finnish Lessons: What can the world learn from educational change in Finland?* Sahlberg, P Teachers College Press 2011; *The Finland Phenomenon: Inside the World's Most Surprising School System*; Wagner T 2010(video)

[26] UNESCO Press Release, 2012. *UNESCO Media Services*. Available at: www.unesco.org/new/en/media-services/single-view/news/building_skills_for_work_and_life

[27] *Pre-Employment Skills Development Strategies in the OECD*, November 2009. Yoo Jeung Joy Nam. Social Protection Unit of the World Bank

[28] Young People Not in Employment, Education or Training. *European Commission Eurostat Webpage*. epp.eurostat.ec.europa.eu/statistics_explained/index.php/Young_people_not_in_employment,_education_or_training_-_NEET

[29] www.oecd.org/edu/oecd-skillsstrategy.htm

[30] Bransford, J. et al *How People Learn* 2000 The National Academies Press

[31] Labour and Social Protection, 2012. *The World Bank Data-bank*. Available at: data.worldbank.org/topic/labor-and-social-protection

[32] *Jordan: Selected Issues*. May 2012. IMF Country Report

[33] *College Enrollment Hits AllTime High, Fueled by Community College Surge*. October 2009. Richard Fry. Pew Research Centre

[34] *Meet the New Boss*. April 2012. Jonathan Alter. The Atlantic

[35] *Electricity in Africa: The Dark Continent*. August 2007. The Economist

[36] Statistical Telecommunications Highlights, 2012. *International Telecommunications Union Statistics Webpage* www.itu.int/ITU-D/ict/statistics/material/pdf/2011%20Statistical%20highlights_June_2012.pdf

[37] *Climate Change and Labour: The Need for a 'Just Transition'*. 2010. International Journal of Labour Research Vol 2 Issue 1.International Labour Office

[38] US Department of Labour Employment Situation Summary, 2012. *Bureau of Labour Statistics web portal*. www.bls.gov/news.release/empsit.nr0.htm

[39] Gartner Says the World of Work Will Witness 10 Changes during the Next 10 Years, 2012. *Gartner Webpage*. www.gartner.com/it/page.jsp?id=1416513

[40] *The Power of Unreasonable People: How Social Entrepreneurs Can Create Markets That Change the World*. John Elkington and Pamela Hartigan. Harvard Business Press 2008

[41] *Reforming Chinese Education: What China is Trying to Learn from America*. 2012. Yong Zhao. The Solutions Journal [online]

[42] Daniel Pink, *A Whole New Mind: Why Right-brain Thinkers Will Rule the World*. 2005. Daniel Pink. Riverhead Books

[43] Daniel Pink, *Drive: The Surprising*

Truth About What Motivates Us. 2009. Daniel Pink. Riverhead Books

[44] *First Generation College Students Stay the Course*. March 2010. Krista Ramsey and Cliff Peale. USA Today

[45] *Global Entrepreneurship Monitor Report 2011*. 2012. Donna J. Kelley, Slavica Singer, Mike Herrington. Global Entrepreneurship Monitor

[46] www.worldbank.org/en/news/2012/05/14/challenge-of-youth-inclusionin-morocco

[47] *Entrepreneurship in Primary and General Secondary Education: National Strategies, Curricula and Learning Outcomes*. March 2012. Anita Bourgeois. European Commission

[48] *World Class Learners: Educating Creative and Entrepreneurial Students*. Professor Yong Zhao. Corwin Press 2012

[49] *The Graduates of 2012 will Survive only the Crack of our Economy*. 2012. Paul Mason. The Guardian–The Graduate Without a Future Series

[50] John Elkington. Interview for this book

[51] *The Craftsman*. 2008. Richard Sennett. Penguin Books

[52] Japan population to shrink by a third by 2060. January 2012. *The Guardian*. Available at: www.guardian.co.uk/world/2012/jan/30/japan-population-shrink-third

[53] Background Note: Kuwait. 2012. *US Department of State Country Profile Webpage*. Available at: www.state.gov/r/pa/ei/bgn/35876.htm

[54] *Learning: The Treasure Within*. Jacques

Delors. UNESCO Publishing 1996

[55] *A Better India: A Better World*. April 2009. Narayana Murthy. Penguin Books

[56] *Unicef Statistics:Bangladesh*. Available at www.unicef.org/infobycountry/bangladesh_bangladesh_statistics.html

[57] *'Hiroshi Mikitani'*. David Pilling. Financial Times. 15 June 2012

[58] Robin Murray –*Crisis and the Social Economy* –NESTA pamphlet

参考文献

著作

[1] *A Better India: A Better World*. Narayana Murthy. Penguin Books 2009.

[2] *Drive: The Surprising Truth About What Motivates Us*. Daniel Pink. Riverhead Books 2009.

[3] *A Whole New Mind: Why RightBrainers will Rule the Future*. Daniel Pink. Riverhead Books 2005.

[4] *A Whole New Mind: Why RightBrainers will Rule the Future*. Daniel Pink. Riverhead Books 2005. *Grit: The skills for success and how they are grown*. Yvonne Roberts. The Young Foundation 2009.

[5] *How People Learn: Brain, Mind, Experience and School*. John D. Bransford, Ann L. Brown and Rodney R. Cocking (eds.). National Academy Press 2000.

[6] *Innovation and Entrepre-neurship in Developing Countries*. Wim Naude, Adam Szirmai and Micheline Goedhuys. United Nations University Press 2011.

[7] *Responsibility at Work: How Leading Professionals Act*. Howard Gardner. Jossey-Bass 2007.

[8] *Schooling in the Workplace: How Six of the World's Best Vocational Educational Systems Prepare Young People for Jobs and Life*. Nancy Hoffman. Harvard Education Press, Cambridge, MA 2011.

[9] *The Boundaryless Career: A New Employment Principle for a New Organisational Era*. Michael B. Arthur and Denise M. Rousseau. Oxford University Press 1996.

[10] *The Craftsman*. Richard Sennet.

Penguin Books 2008.

[11] *The Next Convergence: The Future of Economic Growth in a Multispeed World*. Michael Spence. Farrar Straus Giroux 2011.

[12] *The Power of Unreasonable People: How Social Entrepreneurs Can Create Markets That Change the World*. John Elkington and Pamela Hartigan. Harvard Business Press 2008.

[13] *The Rise of the Creative Class, and how it's transforming work, lesire, community and everyday life*. Richard Florida Basic Books 2008.

[14] *The Seven Day Weekend*. Ricardo Semler. Random House Books 2003.

[15] *The Shift: The Future of Work is Already Here*. Lynda Gratton. Collins 2011.

[16] *The Start-Up of You: Adapt to the Future, Invest in Yourself, and Transform Your Career*. Reid Hoffman.Random House 2012.

[17] *The Zeronauts: Breaking the Sustainability Barrier*. John Elkington. Routledge 2012.

[18] *21st Century Skills: Learn-ingfor Life in Our Times*. Bernie Trilling and Charles Fadel. Jossey-Bass 2009.

[19] *World Class Learners: Educating Creative and Entrepreneurial Students*. Yong Zhao.Corwin Press 2012

报告

[1] *Ageing Workforce: 2006 Report Asia Pacific*. 2006. Watson Wyatt.

[2] *An Economy that Works: Job Creation and America's Future*. June 2011. McKinsey Global Institute.

[3] *Better Skills, Better Jobs, Better Lives – A Strategic Approach to Skills Policies*. 2012. OECD.

[4] *Climate Change and China: Technology, Market and Beyond*. 2009. Dale Jiajun Wen. Focus on the Global South.

[5] *College Enrollment Hits All-Time High, Fueled by Community College Surge*. October 2009. Richard Fry. Pew Research Centre.

[6] *Danger and Opportunity: Crisis and the Social Economy*. March 2010. Robin Murray. Nesta.

[7] *Education, Globalisation and the Knowledge Economy*. 2008. Phillip Brown, Hugh Lauder and David Ashton. Economic and Social Research Council.

[8] *Entrepreneurship in Primary and General Secondary Education: National Strategies, Curricula and Learning Outcomes*. March 2012. Anita Bourgeois. European Commission.

[9] *Future Work Skills 2020*. 2012. Anna Davies, Devin Fidler and Marina Gorbis. Institute for the Future.

[10] *Global Employment Trends for Youth 2012*. May 2012. International Labor Office

[11] *Going Separate Ways? School-toWork Transitions in the United States and Europe*. 2009. OECD Social, Employment and Migration Working Papers. OECD.

[12] *Global Entrepreneurship Monitor Report*

2011. 2012. Donna J. Kelley, Slavica Singer, Mike Herrington. Global Entrepreneurship Monitor.

[13] *Good Growth: A Demos and PWC Report on Economic Wellbeing*. John Hawsworth, Nick C. Jones and Kitty Ussher. Demos.

[14] *Greening Jobs and Skills: Labour Market Implications of Addressing Climate Change*. 2010. Cristina Martinez-Fernandez, Carlos Hinojosa, Gabriela Miranda. OECD.

[15] *Green Jobs: Towards Decent Work in a Sustainable, Low-Carbon World*. 2008. United Nations Environment Programme.

[16] *Good Work and Our Times*. 2011. Lucy Parker and Stephen Bevan. The Work Foundation.

[17] *Internationalisation of Higher Education in MENA: Policy Issues Associated with Skills Formation and Mobility*. 2011. The World Bank Report No:63762-MNA. The World Bank.

[18] *How Did the Recession Affect Different Types of Workers: Evidence From 17 Middle-Income Countries*. 2011. Yoonyoung Cho and David Newhouse. The World Bank Human Development Network Social Protection and Labor Unit.

[19] *More than Just Jobs: Workforce Development in a Skills-Based Economy*. March 2008. OECD.

[20] *Right for the Job: Over Qualified or Under-Skilled?* 2011. OECD Social, Employment and Migration Working Papers No. 120. OECD.

[21] *Social Entrepreneurship: A Vehicle for Social Change and Skills Development*.

2010. Hannah McDowell. UnLtd.

[22] *Teaching and Learning 21st Century Skills: Lessons from the Learning Sciences*. 2012. Anna Rosefsky Saavedra. The RAND Corporation.

[23] *The Economics of Knowledge: Why Education is Key for Europe's Success*. 2006. Andreas Schleicher. The Lisbon Council.

[24] *The Effect of Economic Downturns on Apprenticeships and Initial Workplace Training: A Review of the Evidence*. 2009. Giorgio Brunello. OECD.

[25] *Learning: The Treasure Within: Report to UNESCO of the International Commission on Education for the Twenty-first Century*. Jacques Delors.1996. UNESCO.

[26] *The World at Work: Jobs, Pay and Skills for 3.5 billion People*. June 2012. McKinsey Global Institute.

[27] *2012 Talent Shortage Survey Research Results*. 2012. Manpower Group.

[28] *Workforce Skills and Innovation: An Overview of Major Themes in the Literature*. 2012. Phillip Toner. OECD Directorate for Science, Technology and Industry.

[29] *Working Progress: How to Reconnect Young People and Organisations*. 2006. Sarah Gillinson and Duncan O'Leary. Demos

[30] *World of Work 2012: Better Jobs for a Better Economy*. 2012. International Institute for Labour Studies.

附录1

案例研究与相关链接

这15个案例包罗万象，既来自发达的经济体，也来自发展中的经济体。从一开始，我们就对拥有以下特征的项目展开研究：

1. 有效地帮助人们成功参与到某个经济体——商业、市场、社会、国内、公共之中；
2. 在方法、用户、途径、地点、成果方面显示出高度的创新；
3. 以未来为导向，与21世纪所需要的新的技能体系相关；
4. 整体性：关注失业/就业的背景；关注变化的环境需求；也注重个体的生活和需求；
5. 有扩展潜力，要么是因为其背后的原理能够发挥效用而不受背景的限制，要么因为模式本身足够灵活和强健，可以生长。

通过案头调研、评审、出版物和WISE社群网络（包括WISE奖项的获得者和入围者），我们选出了约50个案例。我们将部分案例和链接在附录2中列了出来，它们理应得到人们的进一步关注，然而由于篇幅所限，我们不得不做了适当的筛选。做出一系列的平衡是为了在一本旨在涵盖全球相关案例的书里，尽可能广泛地提供样本，并尽可能各具代表性。最后选出的一组15个案例代表着以下因素间的平衡：

地理区域；

年龄范围（4岁到95岁）；

水平和方式（多种工作类型、多种准备形式）；

提供者类型；

风格/地点：正式的、非正式的、认证的，等等。

国际水和环境工程研究所（2iE），布基纳法索

www.2ie-edu.org

大局学习（Big Picture Learning），美国和世界各地

www.bigpicture.org

孟加拉农村发展委员会（BRAC），孟加拉国和世界各地

www.brac.net/content/about-brac-bangladesh

印孚瑟斯（Infosys），印度

www.infosys.com/pages/index.aspx

吉斯尔校企合作（Al Jisr School-Business Partnership），摩洛哥（2011年WISE教育项目奖得主）

www.aljisr.ma

奥姆尼亚创造（InnoOmnia），芬兰

www.slideshare.net/mervijan/ innoomnia-implementing-burges-communiqu

约旦职业教育基金会（JCEF），约旦

www.jcef.jo

巴士底技术农业学校（La Bastilla Technical Agricultural School），尼加拉瓜

www.bastillaecolodge.com/colegio.php?lang=en

洛森年轻人成就中心（LoYAC），科威特

www.loyac.org

卢米艾尔学校（Lumiar School），巴西

www.lumiar.org.br/?lang=en

日出能源中心（Rising Sun Energy Centre），美国加利福尼亚

www.risingsunenergy.org

银色人力资源中心（SHRC），日本

longevity.ilcjapan.org/f_issues/0702.html

小农农村广播（Smallholder Famers Rural Radio），尼日利亚（2010年WISE教育项目奖得主）

www.smallholdersfoundation.org/index.php

南方科技大学（SUSTC），中国

www.sustc.edu.cn

遗孀联盟网络（WANE），加纳（2009年WISE教育项目奖得主）

www.wise-qatar.org/node/1120

附录2

本书提到的其他案例

百分学习（Centum Learning），世界各地

提供首尾相连的培训课程和技能发展方案，旨在一方面提高商业机构的工作效率，另一方面提升年轻人的就业能力。这家组织起源于印度的巴蒂集团（Bharti group），在南亚和非洲各地都有运营机构。

www.centumlearning.com

成长领域（Growth Sector），美国

与各类合作机构共同为退伍军人、失业人士、失业的年轻人提供机遇，让他们将来可以拿到大学文凭，获得高收入、迅速成长的事业发展。

growthsector.org

埃克森美孚伯纳德·哈里斯科学夏令营（ExxonMobil Bernard Harris Summer Science Camps），美国

是为期两周的免费寄宿夏令营，提供创新的课程，以增强学生STEM（科学、技术、工程、数学）主题的知识，同时培养学生的领导力和公民的权利意识。核心的课程体系结合了野外远足和其他教育经历，以丰富学生对于课堂学业与现实世界间实际关系的理解。

www.theharrisfoundation.org/sitecontent/565/summer-science-camp/category/457/education.aspx

卢比萨德基金会（Rubisadt Foundation），喀麦隆

旨在赋予年轻女性理解全球和本大洲的挑战的能力，发展其分析问题和解决问题的技能，使之成为有责任心、为本国的发展做贡献的公民。为了面对这些挑战，基金会已经开发出并在过去10年中成功执行了一套创新的整体学习方法，将性别、科技、文化和道德融为一体。

www.rubisadt.org/index.php/en/the-rubisadt-institute-school

学习行走（Shodh Yatra），印度

是在印度边远地区开展的学习项目，其目标在于促进知识的交流，以及发掘印度边远农村社区中涌现的草根创新。

www.sristi.org/cms/shodh_yatra1

西拉科技（Silatech），卡塔尔

在中东的多个国家都建立了分支机构，目标在于通过就业和创业机遇凝聚18~30岁的年轻人。其中一个主要的倡议“塔奎姆评价基金”（Taqeem Evaluation Fund）支持了11个中小型青年就业项目，为验证其影响力而开发策略。

www.silatech.com

授人以渔学校（Teach a Man to Fish schools），非洲、亚洲、南美洲

授人以渔是一家总部设在英国的非营利组织，为世界上教育资源匮乏地区的学校提供实际支持和资金上的支持，帮助它们设立和运营自身的营利性商业。这些学校企业——从养蜂场到木工车间——为学校赚取的收入可以支付设施和师资花费。更为重要的是，这些商业机构可以作为让学生发展创业精神和实践技能的平台，这样等他们毕业时就会有能力为自主创业、继续教育和人生发展的成功做好准备。

www.teachamantofish.org.uk/

卡塔尔教育科学与社会发展基金会（Qatar Foundation for Education, Science and Community Development），卡塔尔

简称“卡塔尔基金会”，支持卡塔尔从碳经济结构向基于知识发展的经济结构转变。基金会于1995年由卡塔尔的埃米尔（国家元首）谢赫·哈马德·宾·哈里发·萨尼殿下创立。谢赫·莫扎·宾特·纳赛尔王妃殿下是卡塔尔基金会的主席和主要推动者。卡塔尔基金会的活动围绕三大核心：教育、科学和研究、社区发展。

www.qf.org.qa

世界教育创新峰会（WISE），卡塔尔

致力于通过创新塑造教育的未来。这个全球协作的倡议是2009年卡塔尔基金会在谢赫·莫扎·宾特·纳赛尔殿下的领导下成立的。其使命是在世界各地扩展对话，执行实用而可持续的方式来解决21世纪教育所面临的挑战。WISE每两年举办一次国际峰会，作为思想领袖和专家分享最佳教育实践；同时WISE也是一个持续性的项目，致力于打破传统教育社群界限，推广创新，并实施具体行动。

www.wise-qatar.org

图书在版编目（CIP）数据

学以致用：世界教育趋势及令人振奋的实践 /（英）瓦莱丽·汉农，(英)萨拉·吉林森，(英)莉奥妮·香克斯著；(法)瑞萨摄；刘海粟译. —北京：中国人民大学出版社，2016.10

ISBN 978-7-300-23428-1

Ⅰ. ①学… Ⅱ. ①瓦…②萨…③莉…④瑞…⑤刘… Ⅲ. ①职业教育—教育改革—研究—世界 Ⅳ. ①G719.1

中国版本图书馆CIP数据核字（2016）第229652号

北京市版权局著作权合同登记章
图字:01-2015-7539号

学以致用：世界教育趋势及令人振奋的实践

(英) 瓦莱丽·汉农，(英) 萨拉·吉林森，(英) 莉奥妮·香克斯 著；(法) 瑞萨 摄；刘海粟 译

Xueyizhiyong : Shijie Jiaoyu Qushi Ji Ling Ren Zhenfen De Shijian

出版发行	中国人民大学出版社		
社　　址	北京中关村大街31号	邮政编码	100080
电　　话	010-62511242（总编室）		010-62511770（质管部）
	010-82501766（邮购部）		010-62514148（门市部）
	010-62515195（发行公司）		010-62515275（盗版举报）
网　　址	http://www.crup.com.cn		
经　　销	新华书店		
印　　刷	北京东君印刷有限公司		
开　　本	170 mm × 240 mm　16开本	版　　次	2016年11月第1版
印　　张	14.5　插页1	印　　次	2019年12月第3次印刷
字　　数	170 000	定　　价	59.80元